돈을 배우다

불확실성의 시대, 우리가 알아야 할 새로운 돈의 프레임

돈을 배우다

| 권오상 지음 |

오아시스
Oasis

이 책의 내용은 금융감독원의 공식적인 견해와 무관하며,
저자의 개인적인 견해에 불과함을 분명히 밝힙니다.

불확실성의 시대, 우리가 알아야 할 새로운 돈의 프레임

돈을 배우다

초판 1쇄 발행 2017년 3월 3일 | **초판 2쇄 발행** 2017년 4월 17일
지은이 권오상

펴낸이 민혜영 | **펴낸곳** 오아시스
주소 서울시 마포구 월드컵북로 400 문화콘텐츠센터 5층 출판지식창업보육센터 8호
전화 070-4233-6533 | **팩스** 070-4156-6533
홈페이지 www.cassiopeiabook.com | **전자우편** cassiopeiabook@gmail.com
출판등록 2012년 12월 27일 제385-2012-000069호
외주편집 박김문숙 | **디자인** 김태수

ISBN 979-11-85952-68-0 (03320)
이 도서의 국립중앙도서관 출판시도서목록 CIP은 서지정보유통지원시스템 홈페이지 http://seoji.nl.go.kr 와
국가자료공동목록시스템 http://www.nl.go.kr/kolisnet 에서 이용하실 수 있습니다. CIP제어번호: CIP2017004857

사랑하는 윤경, 이준, 서준에게

들어가는 말

공부를 좋아하는 사람은 드물다. "공부가 제일 쉬웠어요" 같은 말을 들으면 저절로 야유가 터져 나온다. 학교에서 받았던 강압적인 주입식 교육이 생각나서다. 자랄 때 노는 것만큼만 공부를 좀 좋아해보라는 꾸중을 듣지 않은 이는 없다. 하지만 그렇게 꾸중을 한 부모들도 젊었을 때 똑같이 혼났다는 게 아이러니다.

학교 공부가 싫은 이유는 단순하다. 원래 재미있을 수가 없기 때문이다. 교육이 보편적인 권리와 의무가 된 것은 인류 역사에서 겨우 200년 전의 일이다. 제일 먼저 도입한 국가는 1763년 프러시아였다. 서구권에서 제일 늦었던 영국은 귀족계급의 격렬한 반대로 1870년에야 도입했고, 일본의 경우는 1885년이었다. 의무교육의 도입은 대개 근대국가의 성립과 궤를 같이한다. 근대국가란 신분제를 부정하고 자본주의 체제를 도입한 국가다.

국가는 하루아침에 시민이 된 농노들을 교육시킬 필요를 느꼈다. 자본주의 체제가 요구하는 노동자로 만들려면 최소한의 산술 능력과 문자 해독은 필수적이었다. 장시간의 노동을 감당할 체력을 키우기 위한 체육도 필요했다. 국가 체제에 반항하지 않도록 하는 윤리도 빼놓을 수 없었다. 19세기에 위와 같은 이유로 선정된 자국어, 산수, 윤리, 체육 등의 과목을 21세기에도 똑같은 방식으로 배우고 있다. 재미있을 수가 없는 것이다.

그렇지만 간과할 수 없는 사실이 있다. 공부 자체가 원래 재미없는 것은 아니라는 점이다. 게임을 더 잘하기 위해 밤을 지새우던 때를 생각해보라. 관심 있는 분야의 공부는 누가 시키지 않아도 스스로 하게 된다. 새로운 것을 알게 되는 재미가 쏠쏠하기 때문이다.

그리고 공부는 나를 바꿀 수 있는 유일한 방법이다. 선천적 본성과 후천적 교육 중에 무엇이 더 중요하냐에 대해 여러 말들이 많다. 교육학 등에서는 이를 자연 대 양육의 문제라고 부른다. 분야에 따라서는 물려받은 것이 결정적인 경우도 없지는 않은 듯하다. 물론 그런 얘기를 대놓고 하는 것은 정치적으로 옳지 않다. 핵심은 후천적 교육의 영향이 얼마이든 간에 그것만이 내가 결정할 수 있다는 점이다. 유창한 영어를 구사하고 싶다고 해서 한국인으로 태어난 내가 새로 미국인으로 태어날 재간은 없다. 하지만 영어 공부를 하면 지금보다 나아질 수는 있다.

우리는 자본주의 체제에 살고 있다. 자본주의 체제는 거의 모든 것을 돈이라는 잣대로 평가한다. 그렇다면 돈에 대한 교육은 필수여야 마땅하다. 제일 중요한 주제라고 해도 지나치지 않다. 그런데 막상 그러한 과목은 존재하지 않는다. 사회 과목에서 일부 다뤄지긴 하지만 수박 겉핥기다. 경제라는 과목도 돈 자체하고는 또 다른 얘기다. 뭔가 이상하다는 생각을 지울 수 없다. 마치 '너희들은 몰라도 된다'고 하는 듯하다. 일제가 우리를 지배할 때 이런 식이었다. 일례로 경성제국대학에는 식민지 지배에 요긴한 법문학부와 의학부만 있었을 뿐, 상학부나 경제학부는 설치되지 않았다.

인류의 역사에서 돈은 줄곧 수수께끼 같은 존재였다. 많은 현자가 돈에 대한 일방적인 반감을 드러내왔다. 로마의 집정관이었던 키케로는 "돈에 대한 욕심을 버려야 한다. 돈을 사랑하는 것보다 더 혐오스럽고 쩨쩨한 정신은 없다"고 했다. "부자가 하느님 나라에 가기는 참 어렵다"는 예수님의 말씀을 오해한 기독교회는 돈 자체를 죄악시했다. 멀리 서양까지 갈 것도 없다. 성리학에 물든 조선은 청빈을 이상향으로 여겼다. 그 덕분에 우리 선조들은 늘 배 곯으며 살아야 했다.

돈에 대해 근본적 혐오감을 드러내지 않기로는 어쩌면 유대인들이 유일하다. 그들이 자녀 교육에 사용하는 탈무드에는 돈에 대한 얘기가 무수히 많이 등장한다. 대표적인 것 몇 가지만 언급해보자면, '가난은 죄악'이고, '돈이란 악함도 저주도 아니며 인간을 축복하는 것'이고, '돈을 벌기는 쉽지만 쓰기는 어렵다'고 했다. 유대인들이 세계의 돈을 주무르는 데에는 다 그럴 만한 이유가 있어 보인다.

사실 조금만 생각해보면, 돈에 대한 적대적 태도나 무조건적 숭배는 둘 다 불완전하다. '황금 보기를 돌같이 하라'는 말은 가렴주구나 부패를 저지르지 말란 뜻이지, 돈을 길에다 내다 버리란 뜻은 아닐 것이다. 마찬가지로 '돈으로 해결할 수 없는 일은 없다'고 하지만 실제로 없지 않다. 로마 황제 네로의 자문을 맡았던 세네카가 남긴 다음의 말이 가장 균형 잡힌 시각이 아닐까 싶다. "돈은 지혜로운 사람에게는 노예요, 바보에게는 주인이다."

나는 그동안 돈에 관한 책을 여러 권 써왔다. 평범한 사람들이 돈에 대해 좀 더 알 수 있기를 희망해서였다. 공식적인 교육이 손을 놓고 있으니 나라도 그 간극을 채우고 싶었다. 감사하게도 전문적인 내용을 일반인들도 쉽게 이해할 수 있게 썼다는 좋은 평이 많았다. 반면 "그래서 어쩌란 말이야?" 하는 짜증 섞인 반응을 접하기도 했다. 대학에서 가르치는 재무 이론을 쉬운 설명과 다양한 각도로 조명한 책이었는데, 돈 버는 방법을, 그것도 쉽게 버는 방법을 기대했었나 보다.

돈에 대한 책들은 대개 다음 둘 중의 하나다. 노골적으로 "이렇게 하면 돈을 벌 수 있다"는 달콤한 말로 꾀는 책이거나, 보다 은근하게 저자만 아는 '부자의 비밀'을 알려주겠다는 식으로 접근하는 책이다. 하지만 조금만 더 생각해보자. 그런 비법이나 비밀을 알고 있는 사람이 책을 써서 모든 사람이 알게 한다? 많은 사람이 아는 순간 더 이상 비법이 될 수 없다. 거꾸로 입장을 바꿔 당신만 알고 있는 돈 버는 비법을 다른 사람에게 누설할까를 생각해보면 답은 분명해진다.

그런 책에 익숙하거나 뭔가 남들은 모르는 돈 버는 비법을 찾아다니는 사람들에게는 내가 쓴 책들이 맘에 딱 들지는 않았으리라. 왜냐하면 감언이설을 늘어놓지 않았기 때문이다. 물론 나도 어떤 투자 대상이 수익을 기대할 만한지에 대해 견해가 있다. 왜 그런 전망을 하는지에 대해서도 설득력 있게 설명할 수 있다. 하지만 미래의 일은 근본적으로 불확실하다. 무책임하게 맞으면 내 통찰력이 남다른 것, 틀리면 전 세계 각국의 중앙은행, 정부, 정치인, 그도 아니면 탐욕스러운 은행가들과 투기세력 탓을 하고 싶지는 않다. 그래서 너 자신을 알라고, 그리고 조심하라고 써왔다.

일부 사람들의 불평에도 불구하고, 나는 여전히 사람들이 돈에 대해 좀 더 공부할 필요가 있다고 믿는다. 그것도 지엽적이지 않은, 보다 더 거시적인 공부가 필요하다고 생각한다. 그 결과가 이 책이다. 즉 투자나 단지 돈을 키우는 데에 그치지 않고 버는 것, 불리는 것, 그리고 쓰는 것에 공통적으로 적용될 수 있는 돈의 실제 프레임을 제시하려 했다. 장님 코끼리 만지기가 아닌 개인 관점에서 돈의 총체적 라이프사이클을 망라하는 기본적인 철학과 원리를 다루고 싶었다.

미리 분명히 말하지만 "어디에 투자하면 돈이 된다"는 식의 얘기는 이 책에 없다. 경매나 리모델링을 통해 건물주가 되는 방법도 나오지 않는다. 거기에 관심이 있다면 아예 지금 책을 내려놓는 쪽이 낫겠다. 하지만 일상에서의 돈이 구체적으로 어떠한 의미와 가치를 지니는가를 알고 이러한 돈의 속성을 제대로 파악하고 다루고 싶다면 끝까지 읽어보길 권한다. 돈에 대한 기초 이론과 실생활에서 부딪히는 어려움을 해결하는 데 도움이 되기를 기대하며 '들어가는 말'을 마친다.

독자 여러분의 행운을 빈다!

2017년 2월
잠원 자택 서재에서
권오상

차례

왜 돈을 배워야 하는가?

1장

눈을 크게 떠
돈을 보는 시야를 넓히자

돈은 언제나 우리를 괴롭힌다. 돈 때문에 행복하다고 느끼는 사람도 어딘가에 없지는 않을 테지만, 대부분의 사람들은 돈 때문에 불행하다고 느낀다. 돈이 충분하지 않아서, 큰돈을 벌고 싶은데 마음대로 안 돼서, 안달이 난다.

돈이 모든 문제의 근원인 듯 생각하기 쉽지만 꼭 그렇지는 않다. 돈에는 양면성이 있다. 나쁜 점도 있는 반면 좋은 점도 존재한다. 약이나 무기를 떠올리면 이해가 쉬우리라. 약은 적절히 잘 쓰면 몸에 보탬이 되지만 남용하거나 오용하면 몸에 독이 된다. 무기도 남을 해하는 데 사용될 수 있지만 반대로 나를 지키는 데 도움이 될 수 있다. 돈도 마찬가지다.

역사적으로 보면, 돈은 신분제를 무너뜨린 원동력 중의 하나였다. 신분제란 왕, 귀족, 평민, 노예 신분으로 사람들을 나누고, 이들 간에 수직적인 지배와 피지배의 관계가 평생토록 주어져 있는 제도다. 그리고 신분은 대를 이어 세습되었다. 다시 말해 부모가 평민이면 자식도 평민의 삶을 살아야 했고, 부모가 노예면 자식도 노예의 삶을 살아야만 했다.

사람들의 통념과 달리 신분제는 결코 멸종된 과거의 유산이 아니다. 21세기인 현재도 세계 곳곳에 명시적 혹은 암묵적인 형태로 잔존한다. 가장 대표적인 예가 인도의 카스트다. 카스트라는 말의 어원은 포르투갈어의 '카스타'로서 혈액의 순수성을 보존한다는 의미다. 성직자 계급인 브라만, 무사 계급인 크샤트리아, 평민 계급인 바이샤, 노예 계급인 수드라 그리고 노예보다도 더 천한 존재로 간주되는 하리잔으로 엄격하게 구별되어 각 신분 간의 이동이나 통혼이 허용되지 않을 뿐 아니라, 심지어 가까이 가기만 해도 더럽혀진다 하여 접촉을 피한다.

2차 대전 이후 인도의 민주 정부는 공식적으로 카스트를 철폐했다. 하지만 70년 가까이 지났음에도 인도인들의 관습은 별로 바뀌지 않았다. 인도인 지인들에게 확인해본 바에 의하면 카스트에 따른 차별은 여전하다고 한다. 이름과 성을 보면 그 사람이 속한 카스트를 누구나 알 수 있어서 자신보다 낮은 카스트와 아예 대화를 피한다는 것이다. 사실 카스트는 원래 생득적 신분이 아니라 직무와 교육에 따라 생후적으로 얻는 지위였다. 그러던 것이 시간이 지나면서 혈통을 강조하는 쪽으로 퇴화하여 현재에 이르렀다.

혈통의 중시와 가문의 등장은 신분제라는 전근대적 제도를 만들고 싶은 이들의 전형적인 레시피다. 스스로 남들보다 우월하다고 믿는 왕이나 귀족들에게 신분제는 맘에 쏙 드는 제도였다. "당연하고 자연스러운 제도다"나 "신분은 하늘로부터 주어진 신성한 것이다"라는 말을 당당하게 내뱉었다. 오만 가지 것을 누리는 데다가 그 좋은 것을 자식들에게 그대로 물려줄 수 있으니 그런 얘기를 하는 것은 당연했다.

예를 들어, 중세 유럽에서 귀족이 누릴 수 있는 권리 중에는 초야권이라는 것이 있었다. 농노가 결혼을 하려면 신부가 영주와 첫날밤을 먼저 보내야 한다는 것이었다. 신부의 그러한 의무는 곧 영주의 권리였다. 나나 내 신부가 그러한 상황에 놓여 있다고 생각해보라, 얼마나 부당하고 억울한 상황인지를.

사실 적지 않은 수의 역사가들은 초야권은 명목상의 권리일 뿐 실제로 행사된 사례는 거의 없었으리라는 의견을 내고 있다. 초야권은 영주가 농노들로부터 돈을 거둬들이는 구실에 불과했다는 것이다. 가령 프랑스 리비에레-부르데의 영주는 1419년 '결혼하려면 6수의 돈과 돼지 반 마리, 음료수 1갤런을 바치든지, 아니면 내가 마음에 드는 경우 결혼하는 신부와 먼저 잠을 잘 수 있다'고 선포했다. 이대로라면 신랑이 돈을 낼 수 없는 경우에 한해 행사할 수 있는 권리였지, 무조건적으로 혹은 영주가 임의적으로 잠자리에 들 수 있었던 것은 아닌 듯하다. 그 정도의 돈을 농노들이 낼 형편에 있었는지는 불분명하지만 어쨌거나 지금의 기준으로 보면 어이없고 불쾌한 신분제의 양상이었음에는 틀림없다.

쉽게 말해 신분제는 정치적 권력을 세습하기 위한 장치였다. 그리고 정치적 권력이 세습되는 곳에서 돈은 그렇게 중요한 대상이 못되었다. 목숨이나 지위 같은 것을 자의적으로 빼앗을 수 있는 환경하에서 돈은 단지 수탈의 결과물일 뿐이었다.

신분제의 불가피함을 주장한 사람 중에 가장 유명한 이가 플라톤이다. 그에 의하면, 개인의 정신은 욕구/영혼/이성의 3층 구조를 이루고 있기에, 사회 또한 정신의 3층 구조에 걸맞게 구성되어야 했다. 제일 하단에 욕구에 해당하는 노예나 평민들이 있고, 그 위에 영혼에 해당하는 군인들이 있으며, 제일 위에 이성에 해당하는 지배자 혹은 플라톤 자신의 표현을 빌리자면 '철학자 왕'이 있어야 한다고 그는 주장했다. 지배자의 일은 당연하게도 모두를 지배하는 것이었다. 플라톤이 왜 그냥 왕이라고 하지 않고 '철학자 왕'이라고 했는지 혹시 궁금한가? 본인의 직업이 철학자였기 때문이다. 즉 왕이 되고 싶다는 권력에의 욕구에 다름 아니었던 것이다. 입만 놀리는 플라톤에게 왕의 권력이 주어질 리는 만무했고, 그는 이 나라, 저나라를 떠돌다가 죽었다.

이후 플라톤은 여러 형태의 신분제를 옹호하려는 후세의 모든 기득권층이 기회 있을 때마다 입에 올리는 인물이 되었다. 최선의 지배 형태인 귀족의 지배가 허물어지면 군인의 지배, 부호의 지배, 대중의 지배, 참주의 지배의 순서로 퇴화하게 된다고 주장한 그를 현자 혹은 현인이라고 치켜세웠다. 신분상의 불평등을 인정하지 않는 민주정은 플라톤에게 거의 최악의 정치체제였다. 자신들의 억압적 지배를 합리화할 근거를 제시해주니 귀족들로서는 이보다 더 '현명한' 이가 있을 수 없었다. 책을 쓰고 기록을 남긴 사람들의 대부분이 귀족계급에 속했음을 생각해보면 왜 그의 이름이 지금껏 전해져 내려오는지 이해가 갈 것이다.

그럼에도 불구하고 귀족계급의 지배에 조금씩 금이 가기 시작했다. 바로 돈 때문이었다. 영주의 지배로부터 도망치거나 혹은 합법적으로 돈을 지불하고 자유민의 신분을 획득한 사람들이 모여들어 도시를 형성했다. 중세도시들은 수공업과 상업을 통해 부를 축적해나갔다. 말 타고 칼 휘두르는 것 외에 별로 할 줄 아는 게 없었던 귀족들은 점점 주도권을 상실했다. 귀족의 권력은 지배하던 토지와 그 토지에 부속된 농노들에게 있었는데, 자본주의가 도래하면서 토지의 중요성은 상대적으로 떨어져만 갔다. 19세기에 들어서면서 농노 없는 토지만을 소유한 영국의 귀족들은 생계유지가 곤란할 정도의 경제적 어려움을 겪었다.

돈이 신분제를 타파하는 역할을 할 수 있었던 결정적인 이유는 돈 자체는 신분을 차별하지 않았기 때문이었다. 현대 민주주의 체제에서 내 한 표가 조선 왕조 후예의 한 표와 같은 것처럼, 평민의 1실링은 귀족의 1실링과 전적으로 동일한 1실링이었다. 누가 돈을 많이 벌 수 있느냐는 누가 더 능력이 뛰어나냐를 판단하기 위한, 완벽하지는 않지만 세습 신분에 의존하던 예전보다는 훨씬 개선된 지표였다. 한마디로 돈은 객관적이면서 동시에 평등한 매체였다.

18세기 말 쾨니히스베르크대학의 논리학 및 형이상학 교수였던 임마누엘 칸트는 "너 자신과 다른 모든 사람의 인격을 언제나 목적으로 대우하도록 행위하라"고 주장했다. 쉽게 말해 신분의 고하를 막론하고 모든 사람을 수단으로 여기지 말고 자체의 귀중한 목적으로 대해야 한다는 뜻이다. 사람을 수단으로 취급하는 것은 칸트에 의하면 옳지 못한 일이다. 하지만 사물을 수단으로 취급하는 것까지 문제 삼을 사람은 없을 것이다.

다시 말해 돈은 결국 도구요, 목적이 아니다. 돈이 도구라는 것을 인식하면 탐욕과 두려움이라는 감정과 결부되기 쉬운 돈에 대한 주관적 시각이 보다 객관적으로 바뀐다. 돈은 내가 살면서 추구하고자 하는 바를 이룰 수 있게 해주는 수단에 불과하다. 눈앞의 파리가 거슬려서 잡고 싶다면 한 개의 파리채로 충분하다. 파리 한 마리 잡겠다고 수십 개, 수백 개의 파리채를 탐하고 쌓고 할 필요가 없는 것과 같다.

물론 "돈은 많으면 많을수록 좋은 것 아닌가?" 하는 반론이 있을 수 있다. 많을수록 좋으니 우선 많이 벌고 불려야 한다는 얘기가 따라 나온다. 하지만 일단 많고 볼 일이라는 얘기는 결국 돈을 수단으로 여기지 않고 목적으로 여긴다는 뜻과 같다. 결국 돈의 속성에 휘둘리고 지배당하게 되는 돈의 노예가 돼버리고 만다. 이래서는 돈의 굴레로부터 벗어날 길이 없다.

돈에 궁극의 가치를 부여하는 현재의 자본주의 체제도 완벽하지만은 않다. 신분과 정치권력의 세습은 철폐되었지만 대신 돈의 세습이 그 자리를 차지했다. 일부에서는 표면적인 신분만 사라졌을 뿐 금력에 따른 사실상의 계급이 존재한다고 목소리를 높인다. 이름 하여 '금수저-흙수저 이론'이다. 수저 계급론에 따르면, 자산 5,000만 원 이하와 연 수입 2,000만 원 이하 중 하나라도 만족되면 흙수저란다. 그 위로 줄줄이 플라스틱 수저, 놋수저, 동수저, 은수저, 금수저의 조건들이 나열돼 있다. 금수저는 가구당 자산이 20억 원 이상이거나 세전 연 수입 2억 원이라는 조건 중에 하나가 만족되는 경우다.

부모의 경제력이 자식대의 성공에 일정 부분 영향을 주는 것은 부인할 수 없는 사실인 것 같다. 한편으로 재산과 연 수입을 기준으로 무슨 수저, 무슨 수저 하면서 계급을 얘기하는 것은 우려스럽다.

이런 계급표를 생각해낸 사람이 돈에 쪼들리는 쪽이었을까? 그랬을 것 같지는 않다. 그보다는 자신의 돈 많음을 자랑하고 싶은 누군가의 치기 어린 마음이었을 것이다. 돈이 많은 사람은 많은 대로 누리면 될 일이다. 그걸 뭐라 할 마음은 없다. 하지만 거기서 멈추지 않고 돈에 의한 명시적인 계급을 만들어내려는 시도는 옳지 않다.

상속으로 막대한 재산을 물려받은 재벌 2세, 3세의 삶이 자신만의 건강한 가치를 추구하며 열심히 사는 사람의 삶보다 반드시 낫다고 보기는 어렵다. 단지 돈의 많고 적음 한 가지로 삶의 가치가 결정된다고 생각하면 나쁜 짓을 해서라도 돈을 버는 것이 정당화된다. 그럴 수는 없다. 돈은 사용되는 목적에 따라 그 가치가 결정되는 것일 뿐, 자체로 목적이 될 수는 없기 때문이다. 다시 한 번 얘기하지만 돈은 하나의 파리채일 뿐이다.

교과서상의 돈
그리고 실제의 돈

돈 공부를 얘기하면서 돈이 무엇인지에 대해 얘기하지 않을 수는 없다. 그렇지만 한편으론 망설여진다. "돈이 무엇이다" 하고 얘기하는 순간, 그 실체가 오히려 왜곡될까 봐서다. 실제로 돈은 굉장히 다양한 형태를 띠고 있을 뿐만 아니라 사람들마다 상이한 방식으로 이해한다. 이 두 가지가 결합되다 보니 돈에 대한 개념상의 혼란이 더욱 가중된다.

고등학교 정규 교과과정을 찾아보면 돈의 기능을 세 가지로 정리하고 있다. 첫째는 교환의 매개로서 물건의 교환을 쉽게 하는 것이다. 둘째는 가치의 저장인데 물건의 가치를 저장하는 수단이라는 것이다. 셋째는 가치의 척도로 물건의 가치를 측정하는 단위라는 것이다.

세 번째 기능부터 얘기해보자. 키나 몸무게 혹은 열량과 같은 물리량을 측정하려면 단위가 필요하다. 미터라든지, 킬로그램 혹은 칼로리 같은 것들이 그 각각의 물리량에 대응하는 단위들이다. 마찬가지로 이 세상 모든 물건의 가치 또한 측정을 위해서는 단위가 필요하다. 바로 돈이 그러한 가치의 단위 역할을 하고 있다는 것이다. 재무경제를 연구한다는 사람들은 프랑스어인 '뉘메레르'라는 말을 쓰기도 한다. 그냥 가치의 단위라고 하면 될 것을 왜 뜬금없는 프랑스어를 들고 나오는지 이해가 잘되지 않는다. 물론 이유를 모르지는 않는다. 일반인들이 낯설어할 만한 용어를 만들어냄으로써 권력과 권위를 유지하고자 하는 것은 그들의 오랜 전술이니까.

여기에 약간의 난점이 있다. 단위는 단위인데 불안정하고 변하는 단위라는 게 문제다. 어떤 사과의 질량을 재보니 200그램이라고 해보자. 그 사과가 썩어서 변하지 않는 한 오늘 재나 내일 재나 혹은 미국에 가져가서 재나 질량은 200그램으로 똑같다. 그램이라고 하는 질량의 단위가 시간과 장소에 불문하고 불변이기 때문이다. 반면 돈의 단위는 그렇지 않다. 사과의 가격이 어제는 2,000원이었는데, 오늘 3,000원이 될 수 있다. 물건은 같은 물건이지만 가격은 날마다, 아니 매 순간 변할 수 있다.

"그건 사과의 가치가 변해서 그런 거지, 돈의 단위가 변한 건 아니지 않나?" 하는 반론이 있을 수 있다. 보통은 그렇게 이해를 한다. 하지만 다른 해석도 얼마든지 가능하다. 사과의 가치는 그대로 있었는데 돈의 가치가 떨어져버린 것이라고 이해할 수도 있다. 특히 어제 한 개에 4,000원 하던 배가 오늘 6,000원에 팔리고 있다면 더욱 그렇다. 배 한 개를 팔면 사과 두 개를 살 수 있다는 것은 어제나 오늘이나 변하지 않았다. 그렇다면 돈의 단위가 변했다고 설명하는 것이 결코 무리한 일이 아니다.

즉 돈은 돈 자체로 측정하거나 이해해서는 안 되고 상대적인 관점으로 볼 필요가 있다. 이에 대해서는 2장에서 좀 더 다각도로 살펴볼 예정이다. 이를테면 '돈의 상대성 이론'이라고 생각해도 좋을 듯하다. 그 전까지는 가치의 단위로 돈을 쓰고는 있지만 이는 착시 현상을 일으킬 수 있는 불완전한 단위라는 사실을 기억하도록 하자.

첫 번째 기능과 두 번째 기능은 하나로 묶어서 이해해도 좋다. 이 두 가지는 모두 돈의 역사적 이미지에서 유래되었다. 고대로부터 금화나 은화 그리고 동전과 같이 금속으로 만들어진 주화가 돈의 역할을 수행해왔다. 사람들이 이들에게 일정한 가치가 있다고 인정하다 보니 교환의 매개로 활용되었고, 또 금속은 오랜 기간 놔둬도 썩지 않으니 가치의 저장 수단으로서도 활용이 가능했다.

하지만 주화에는 많은 문제가 있었다. 그중 하나는 주화의 가치 자체가 춤을 춘다는 점이었다. 역사적으로 유명한 사례가 16, 17세기의 스페인이다. 식민지로 만든 아메리카에서 금과 은이 끊임없이 유입되자 결과적으로 이들의 가치가 폭락해버렸다. 다시 말해 물가의 폭등, 즉 인플레이션이 벌어졌다. 또 그다지 정직하지 못한 사람들이 금화나 은화를 조금씩 깎아내서 부당한 이득을 취하려고 한다는 문제가 있었다. 적지 않은 경우에, 개인이 아니라 국가가 직접 이러한 사기 행각을 벌이기도 했다.

여기서 잠깐, 가치와 가격이라는 말의 차이를 정리해보도록 하자. 국어사전을 찾아보면, 가치란 어떤 물건이 지니고 있는 쓸모 혹은 유용성이고, 가격이란 물건이 지니고 있는 가치를 돈으로 나타낸 것이다. 쓸모라는 말은 경제학이 좋아하는 효용이라는 말과 거의 진배없다. 즉 가치는 객관적인 관찰이나 측정이 불가능한 불투명한 대상이고, 사람마다 다르게 느낄 수밖에 없는 주관적인 대상이다. 그에 비해 가격은 돈의 단위를 통해 표현된 값이고, 직접적인 거래에 수반되기 때문에 관찰이 가능한 객관적인 숫자다.

주식 거래에 관심이 많은 사람들은 가치투자라는 말을 한 번쯤은 들어봤을 것이다. 가치투자란 저평가되어 있는 주식을 사면 언젠가 그 주식의 본래 가치에 걸맞은 가격까지 올라갈 것이라는 믿음을 갖고 그러한 주식을 찾아내어 매수하려는 거래 방식이다. 이 말을 달리 이해하면 가치와 가격이 항상 일치하는 것은 아니라는 뜻도 된다. 비단 주식뿐만이 아니라 모든 물건에서 가치와 가격이 일치하는 경우는 사실 법칙이기보다는 예외에 속한다. 물건의 가치는 변하기 마련이며 직접적인 관찰이 불가능하다. 가치를 돈으로 나타낸 것이 가격이라고 하나, 물건의 가치가 별로 달라지지 않았을 것 같은 상황에서 가격이 혼자 널뛰기도 한다. 이쯤 되면 가치의 척도와 저장이라는 기능을 갖고 있다고 하는 돈의 실체가 얼마나 불안정한 것인지를 다시 한 번 절감하게 된다.

돈을 지칭하는 단어는 실로 다양하다. 동전, 주화, 현금, 지폐, 화폐, 환, 통화, 금전, 머니 등이 그 예다. 또 사람들은 돈과 유사한 의미로 재산, 자산, 부, 자본 등의 단어도 쓴다. 각각의 단어들은 조금씩 뉘앙스가 다르지만 구별해서 쓰는 사람은 별로 없다. 가령 중앙은행이 얘기하는 돈과 일반인이 얘기하는 돈은 다른 개념이다. 중앙은행은 동전, 지폐 그리고 아무 때나 찾을 수 있는 예금을 합쳐서 돈이라고 생각하지만 일반인의 언어에서 어떤 사람이 돈이 많다는 얘기는 그냥 재산이 많다는 뜻이다.

사람들의 돈에 관한 오해에 가장 큰 책임이 있기로는 지폐와 동전의 이미지, 즉 현금이 아닐까 싶다. 생활하면서 늘 현금을 접하고 또 텔레비전 등에서 돈에 관한 뉴스를 다룰 때면 어김없이 지폐 다발을 세거나 새로 인쇄하는 장면을 약속이나 한 듯 보여주기 때문이다. 단언컨대 이러한 실물 지폐나 동전은 현대의 돈 중에 가장 중요하지 않은 형태다. 즉 앞으로 돈 얘기가 나올 때 지폐를 인쇄하는 그 장면은 머릿속에서 지우는 쪽이 좋다. 역사적인 이유로 사용되고 있을 뿐, 전체의 돈에서 이들 현금이 차지하고 있는 비중은 비참할 정도로 작다. 이를 없애도 아무런 문제 없이 생활할 수 있는 정도의 테크놀로지가 이미 개발되어 있지만, 검은 목적에 활용될 수 있는 현금의 익명성 때문인지 아직 어느 국가도 현금을 없앨 계획을 내놓지는 않았다.

위에서 본 돈의 세 가지 기능에는 공통적인 단어 하나가 반복적으로 나온다. '물건'의 교환을 쉽게 하고, '물건'의 가치를 저장하는 수단이며, '물건'의 가치를 측정하는 단위, 즉 '물건'이다. 이것이 의미하는 바는 무엇일까? 돈은 다른 물건들의 존재가 전제되어야 하는 종속물이라는 뜻이다. 다른 물건들이 없다면 돈은 눈에는 보일지언정 손에는 잡히는 게 없는 신기루 같은 것이 되고 만다. 돈이 의미를 가지려면 그 돈으로 교환할 수 있는 가치 있는 다른 물건이 있어야만 한다. 한마디로 돈은 일종의 파생상품이다.

일반인의 관점에서 보자면, 돈은 결국 그 사람의 재산 중에 다른 물건과 교환할 수 있는 것들의 합이라고 볼 수 있다. 현금이 돈의 일부인 것은 당연한 일이고, 집이나 자동차같이 어렵지 않게 팔아서 다시 다른 물건을 확보할 수 있는 것도 돈으로 보자는 것이다. 즉 돈은 한 사람의 총체적인 구매력이기도 하다. 그렇게 보면 비싼 가격을 치르고 샀지만 막상 처분할 길이 막막한 물건들은 재산이긴 하지만 돈은 아니다.

정리하자면 돈은 다른 물건을 확보할 수 있는 잠재적 구매력으로서 앞에서 설명한 여러 이유로 인해 불안정한 존재다. 또한 누가 얘기하느냐 혹은 맥락이 어떠하냐에 따라서 다른 개념의 돈을 얘기하는 경우도 있다는 것도 기억하자. 이쯤 하면 돈이란 무엇인가에 대해 일반인들이 알아야 할 내용은 어느 정도 다룬 듯하다.

단, 한 가지 굉장히 중요한 사항을 아직 얘기 못 했다. 바로 신용, 즉 대출 얘기다. 현대의 돈에서 신용이 차지하고 있는 비중은 거의 모든 다른 것을 왜소하게 보이게 할 정도로 크다. 동전이나 5만 원권 지폐 따위에 정신 팔고 있다가는 큰 그림을 놓치게 된다. 신용이라는 돈에 대해서는 뒤에 자본주의와 중앙은행에 대해 얘기할 때 다시 다루도록 하자.

돈과 시간이 결합된
이자율과 수익률

일반적인 재무론 책을 접해본 적이 있는 독자라면 '왜 수익률 얘기가 안 나오지?' 하는 생각을 했을 것 같다. 정말로 예외 없이 그런 책들은 1장 맨 앞에 이자율이나 수익률 얘기가 나온다. 그 덕분에 책 중반 이후에 나오는 얘기들은 잘 몰라도 최소한 수익률에 대해서만큼은 잘 안다고 자부하곤 한다. 마치 영어를 부담스러워하는 사람들조차도 영문법 책 1장에 주로 나오는 부정사에는 자신감을 보이는 것과 같다. 여기에는 사실 금융업계나 언론이 워낙 수익률 얘기를 즐겨 하는 탓도 있다. 이들의 말을 듣고 있다 보면 수익률이 세상의 전부인 것처럼 생각되기까지 한다.

사실은 이렇다. 이자율과 수익률은 2차적 변수다. 무슨 말인고 하니, 수량과 시점이 모두 기술된 두 개 이상의 돈이 주어지면 이자율 혹은 수익률이라는 변수를 계산할 수 있다. 돈이 먼저 정의되고 나면 부차적으로 계산 가능한 대상이 수익률이라는 것이다.

예를 들어보자. '-100, 지금'과 '105, 1년 후'의 두 개의 돈이 주어졌다고 하자. 쉽게 이해할 수 있겠지만 그래도 번역을 하자면, 지금 100이라는 돈이 나갔다가 1년 후에 105라는 돈이 들어온다는 뜻이다. 이에 대해 모든 수익률 중 가장 기본이 되는 절대수익률을 구하면 5퍼센트가 계산된다. 재무론을 배운 적이 없는 일반인도 이와 같은 절대수익률의 개념은 결코 이해하기 어렵지 않다. 또 손쉽게 구할 수 있다.

하지만 하나의 수익률이나 이자율이 주어진다고 해서 원래의 수량과 시점이 명시된 돈을 알아낼 수는 없다. "수익률이 5퍼센트래요"라는 말을 들었다고 해서 꼭 위의 '-100, 지금'과 '105, 1년 후'의 돈이 나오지는 않는다. 5퍼센트의 수익률은 '-1, 어제'와 '1.05, 지금' 사이에도 성립할 수 있고, '-10,000, 100년 전'과 '10,500, 지금' 사이에도 성립할 수 있는 값이다. 수익률이라고 하는 하나의 변수로 두 개 이상의 미지수를 유일하게 결정할 수 없다는 것은 중학교 수준의 수학에서 이미 배운 대로다. 다시 말해 돈 먼저 있고 그런 후에 수익률이 존재하는 것이지, 수익률이 먼저 있은 후에 돈이 나오는 게 아니라는 것이다.

위의 예에서 본 것처럼, 같은 5퍼센트의 수익률이라고 해도 어떤 기간이냐에 따라 그 의미가 천양지차다. 요즘 같은 저금리 환경에서 앞으로 1년 동안 5퍼센트의 수익률이라면 꽤 높은 값이다. 반면에 과거 100년간에 걸쳐 발생한 5퍼센트를 보고 대단히 높은 수익률이라고 생각할 사람은 없다. 게다가 똑같은 1년의 기간이라고 하더라도 그 시작 시점이 지금이냐, 5년 전이냐, 혹은 20년 전이냐에 따라 그 의미가 전혀 다르다. 얼마나 긴 기간에 대한 수익률이냐, 그리고 그 시작 시점이 언제냐를 얘기하지 않는 수익률은 무의미하기 짝이 없다.

그리고 기간과 시점의 문제보다 어쩌면 더 중요한 것이 바로 원금의 문제다. 같은 기간과 시점에 같은 5퍼센트라고 하더라도 처음의 돈이 100만 원이냐, 아니면 100억 원이냐에 따라 그 의미가 전혀 다르다. 100만 원의 돈은 5퍼센트가 아니라 50퍼센트의 수익률을 얻어도 50만 원밖에 생기지 않는다. 반면 100억 원에 대한 5퍼센트라면 무려 5억 원이다. 이 둘은 결코 같을 수가 없다.

그럼에도 불구하고 온통 수익률 얘기뿐이다. 왜 그럴까? 그것은 바로 자본의 관점이 온 세상에 팽배해 있기 때문이다. 자본은 무한히 증식하기를 원하며, 수익률은 바로 무한증식의 시금석이다. 다시 말해 수익률을 논하는 것은 이미 상당한 수준의 돈을 갖고 있음을 전제한다. 그렇지 못한 보통의 개인에게 수익률은 패션쇼에나 등장할 도저히 입을 수 없는 오트 쿠튀르를 입는 것과 같다. 개인들에게 필요한 것은 수익률이 아니라 돈 그 자체다.

수익률의 태생적 한계를 깨달았다는 전제하에서, 이제 이자율과 수익률을 좀 더 자세히 알아보도록 하자. 너무나 많은 것이 수익률로 표현되고 있기 때문에 이를 아예 나 몰라라 할 수는 없다.

우선 이자율을 먼저 살펴보도록 하자. 이자율이란 돈을 빌려줬을 때 받거나 혹은 돈을 빌렸을 때 줘야 하는 이자와 처음의 원금에 의해 결정된다. 이자율은 크게 두 종류로 나뉜다. 하나는 단리요, 다른 하나는 복리다. 단리는 날마다 동일한 이자가 발생됨을 지칭하는 이자율이고, 복리는 과거에 발생된 이자가 다시 원금으로 더해지는 방식으로 이자가 발생됨을 지칭하는 이자율이다. 그렇기 때문에 다른 모든 조건이 다 동일하고 명목상의 이자율도 같다면, 단리보다는 복리 쪽이 이자가 더 생긴다. 이자를 내는 방식에도 3개월에 한 번씩 낸다든지, 1년에 한 번씩 낸다든지, 혹은 만기에 한꺼번에 내는 등 여러 가지 방식이 있을 수 있다.

수익률은 이자율보다 좀 더 일반적인 돈에 대해 적용할 수 있는 변수다. 수익률과 이자율의 관계를 정리하자면 이자율은 수익률의 부분집합이다. 이자율은 이미 확정된 수입을 나타내는 것인 반면 수익률은 확정되어 있지 않은 일반적인 상황까지 아우르는 것이기 때문이다. 따라서 이자율로 표현되어 있는 돈을 수익률이라는 안경으로 바라보는 것도 얼마든지 가능한 일이다.

수익률을 구하는 방식은 실로 다양하다. 마음잡고 이에 대한 내용을 설명하다 보면 한 권의 두꺼운 책이 될 정도다. 물론 그런 책이 나와 있지는 않다. 누군가 쓴다고 하더라도 그걸 사 볼 사람이 없기 때문이다. 몇 가지 굵은 것만 나열하더라도 기간수익률, 할인율, 상대수익률, 연 환산수익률, 내부수익률, 채권수익률, 다기간 누적수익률 등 끝이 없다. 여기서 그걸 일일이 다 설명할 수는 없다.

그보다 중요한 것은 수익률이라고 해서 다 같은 수익률이 아니라는 점이다. 다시 말해 서로 다른 방식으로 계산한 수익률 숫자를 놓고 이게 높네 저게 높네 하는 것은 근본적으로 무의미한 일이다. 그런데 그런 일이 비일비재하게 일어난다. 한마디로 기가 막힐 정도다. 이에 당하지 않으려면 질문하는 습관을 가져야 한다. "수익률이 얼마입니다" 하고 얘기하는 금융회사의 말을 액면 그대로 받아들이지 말고, 어떤 수익률을 계산한 것인지, 그 계산식은 어떻게 되는지, 그리고 어떤 돈의 흐름이 그 계산에 사용된 것인지를 캐물어야 한다.

그들의 대표적인 수법 몇 가지만 얘기하도록 하자. 모든 수익률 중에 왜곡이 가장 적은 수익률은 절대수익률과 다기간 누적수익률이다. 두 개의 돈만 있으면 절대수익률을 쓰고 들락날락하는 세 개이상의 돈이라면 다기간 누적수익률을 쓰면 된다. 그런데 절대수익률로 표기하면 될 것을 굳이 연 환산수익률로 제시한다.

가령 연 5퍼센트의 수익률이 났다고 하면 100의 원금에 대해

5의 수익이 발생한 것처럼 느껴지기 쉽다. 하지만 그 수익률이 발생한 기간이 3개월에 불과하다면 실제로 얻은 수익은 1.25로, 절대수익률로는 1.25퍼센트다. 9개월이라는 추가 기간 동안 매 3개월마다 1.25의 수익을 계속 얻어야만 1년에 5라는 수익이 확정된다. 확실하지 않은 커다란 '만약 ~하다면'이라는 조건들이 붙어 있는 것이다.

연 환산수익률로 나타내는 수법은 손실이 났을 때도 요긴하다. 예를 들어 3년간 묶인 돈이 결국 반 토막이 났다고 해보자. 구체적으로 표현하면 '-100, 3년 전'과 '50, 지금'인 상황이다. 이에 대한 절대수익률을 구하면 -50퍼센트다. 하지만 이를 연 환산수익률로 바꾸면 -16.7퍼센트가 된다. 느낌이 확 다르다. 그렇게 심하지 않은 손실인 듯 느껴지는 것이다. 여기서 한 발자국 더 나가면, 앞의 3개월짜리 수익과 뒤의 3년짜리 손실을 각각 연 수익률로 바꿔 산술평균하기도 한다. 이런 과정을 거쳐 나온 수익률은 있으나 마나 한 결과다.

요즘 한창 이슈가 되는 마이너스 이자율에 대한 얘기로 수익률과 이자율 얘기를 마무리 짓자. 마이너스 이자율은 글자 그대로 이자가 음의 값이어서 돈을 은행에 예금하면 만기에 처음 맡긴 원금보다도 적은 돈을 돌려받게 되는 것을 말한다. 경제학자들은 마이너스 이자율이 불가피하다는 쪽과 그러면 안 된다는 쪽으로 반반 나뉜다.

한 가지 확실한 것은 이자율이 마이너스일 만큼 돈이 흔하디흔하다는 점이다. 돈이 귀하다면 이자율이 그렇게 낮을 리가 만무하니까. 원래 귀중한 돈이 흔해 빠지게 됐다는 건 무슨 뜻일까? 지금 우리가 쓰고 있는 돈이 실체가 없는 유령과 같은 존재라는 뜻이 아닐까?

투자로만 돈을 바라보는 것은
장님 코끼리 만지기

약 10여 년 전 투자은행에서 일을 한 이후로 한 가지 알게 된 사실이 있다. 정말이지 사람들의 머릿속은 돈 생각으로 가득 차 있다는 점이다. 돈이 많은 사람은 많은 대로, 또 적은 사람은 적은 대로 돈에 대한 걱정을 멈출 줄 모른다. 그래서일까, 처음 만난 사람들도 내가 하는 일을 알게 되면 어김없이 물어본다. 어디에 투자하면 좋겠느냐고.

조금 더 세련된 방식으로 묻는 이들도 있다. 이들의 질문은 "어디에 투자하세요?"다. 지금 맡고 있는 일과 이해상충이 될 수 있어서 아무것도 하지 않는다고 얘기하면, 잘 믿기지 않는다는 표정을 짓는다. 그거야 앞에서 하는 얘기고 모두 다 뒤에선 뭔가 하지 않느냐는 반응인 것이다. 상황이 이쯤 되면 어색한 미소를 짓는 것 외에는 달리 방법이 없다. 사실을 얘기해도 믿질 않으니 답답한 노릇이다.

결국, 정해진 각본처럼 매번 똑같은 일이 벌어지는 게 싫어서 아예 가능한 한 하는 일을 밝히지 않는 쪽을 택하게 된다.

대다수의 사람들은 돈의 문제를 투자의 문제로 인식한다. 투자의 문제로 생각하지 않으면 재테크의 문제라고 생각하고, 그것도 아니면 부자 되기의 문제로 이해한다. 다른 단어를 썼지만 결국 다 같은 얘기다. 어디에 돈을 집어넣으면 두 배, 세 배의 이익을 볼 수 있을까가 관심사인 것이다.

하지만 사실 돈 문제는 그게 전부가 아니다. 투자라는 것은 이미 어느 정도 모인 돈이 있어야 의미가 있다. 예를 들어보자. 예금 이자가 연 1퍼센트대로 떨어진 요즘, 연 5퍼센트 정도의 수익률만 들어도 굉장히 높게 느껴진다. 이걸 갖겠다며 원금 손실을 각오하고 이런저런 금융상품에 손을 댄다.

그런데 막상 그 높아 보이는 수익률을 돈으로 환산해보면 별 게 아닌 경우가 많다. 가령 어떤 투자처가 연 5퍼센트의 수익률을 약속했다고 하자. 이때 여러분의 투자 원금이 1억 원이라면 1년 동안 묵혀두고 얻게 되는 수익금은 500만 원에 불과하다. 물론 500만 원이 작은 돈은 아니다. 하지만 멀쩡히 잘 다니던 직장을 그만둘 정도의 돈 또한 절대로 아니다. 정상적인 가구가 생계를 위해 1년 동안 쓰는 돈을 생각해보면 답은 뻔하다. 500만 원이 생기면 물론 나쁠 건 없지만 이걸로 모든 문제가 해결될 리는 없다.

그렇다면 어느 정도의 원금이 있어야 연 5퍼센트의 수익이 의미가 있을까? 10억 원의 원금을 운용한다면 1년에 5,000만 원의 돈이다. 아까보다는 훨씬 큰돈이지만 아직도 직장을 때려치울 정도는 아닌 듯하다. 원금이 그보다 10배 많은 100억 원이라면 얘기는 달라진다. 하지만 보통의 일반인들과는 상관없는 규모의 돈일 뿐이다.

한동안 사람들 사이에 다음과 같은 허탈한 농담이 유행했다. "조물주보다 더 위대한 것은?"이라는 질문의 답이 건물주란다. 물론 건물주는 갖고 있는 돈이 많으니 투자의 중요성도 커질 것이다. 하지만 조물주 위의 건물주조차도 투자만으로는 돈 문제가 해결되지 않는다. 아무리 받는 월세가 많아도 그 이상으로 돈을 써버리면 얼마 안 가 건물이 사라지기 마련이다. 많은 건물주의 2세, 3세들이 그런 식으로 건물을 잃곤 했다. 돈을 오직 투자의 문제로만 바라보는 게 진짜 문제인 것이다. 장님이 코끼리의 꼬리를 만지고선, 코끼리는 뱀처럼 가늘고 구불구불한 동물이라고 생각하는 것과 진배없다.

앞에서 돈을 일종의 구매력이라고 정의했던 것을 상기하면서, 돈이란 커다란 욕조에 담긴 물이라고 비유적으로 상상해보자. 돈이 많다는 것은 그 욕조에 담긴 물이 많다는 것으로 간주할 수 있고, 반대로 돈이 별로 없다는 것은 욕조에 물이 얼마 안 남았다는 뜻으로 이해해 봄직하다. 물이 많으면 많을수록 쓸 데가 많다. 당장 목마를 때 원 없이 마실 수 있고, 음식을 요리할 때도 넉넉하게 쓸 수 있으며, 세면이나 목욕할 때도 제약이 덜하다.

그러려면 욕조에 물을 계속 채워야 한다. 하늘에서 내리는 비를 양동이로 받아놓든, 냇가에 가서 길어 오든, 아니면 집 마당에 우물을 하나 파든 지속적으로 물을 공급하기 위한 방법을 강구해야만 한다. 그렇지 않으면 물은 언젠가 동이 나기 마련이다. 물을 마시지 않고는 살 수가 없기 때문이다. 욕조에 물을 채우는 것처럼, 돈 또한 채워 넣어야 한다. 그게 바로 '돈 버는 법'이다.

앞에서도 이미 언급했지만, 물을 욕조에 채우는 이유는 물을 써야 하기 때문이다. 물을 많이 쓰면 그만큼 채울 때 더 많이 채워야 한다. 적게 쓰면 좀 덜 채워도 괜찮다. 쓰는 물의 양이 들어오는 물의 양과 같거나 적은 한, 욕조의 물이 마를 일은 없다. 반면 들어오는 물보다 계속 더 많은 물을 쓰면 언제 욕조의 물이 고갈되느냐의 차이만 있을 뿐, 고갈된다는 사실에는 변함이 없다. 물 쓰는 것에 비유하여, '돈 쓰는 법'의 중요성을 짐작해볼 수 있다.

그러면 투자는 무엇일까? 투자는 '돈 불리는 법'이라고 말할 수 있다. 외부적인 물의 유입이 아니라, 욕조에 담겨 있는 물을 이용해서 물을 만들어내는 방법인 것이다. 그런데 욕조 안의 물을 이용해서 추가적인 물을 만들어낸다는 말이 뭔가 어색하게 들린다. 그런 어색함이 물만의 문제일지 아니면 돈에도 해당되는 사항일지는 나중에 다시 검토해보기로 하고, 우선 여기에선 투자란 갖고 있는 돈을 이용해서 돈을 불리려는 방법이라는 것을 받아들이자.

정리해보면 돈에는 세 가지 측면이 있음을 알 수 있다. 제일 먼저 '돈을 버는 법', 그다음으로 '돈을 불리는 법', 마지막으로 '돈을 쓰는 법'이다. 이 세 가지 중, 무엇이 제일 중요할까? 답하기가 쉽지 않다면, 다시 욕조의 물을 상상해보자. 말할 것도 없이, 셋 다 중요하다. 어느 하나가 더 중요하다거나, 다른 어느 하나가 덜 중요하다고 말할 수 없다. 물을 얼마나 새로 채울 수 있느냐, 담겨 있는 물을 어떻게 잘 지키고 늘려나갈 것이냐, 그리고 물이 얼마나 흘러나가느냐의 세 가지가 합쳐진 결과가 욕조 안의 물이다. 욕조의 물에 대한 세 측면의 영향은 전적으로 동등하다.

따라서 돈 공부는 세 가지 측면에서 행해져야 한다. 벌고, 불리고, 쓰는 것을 동시에 바라봐야 한다는 얘기다. 여러 종교에서 반복적으로 나타나는 3이라는 숫자가 돈에도 적용될 여지가 있다는 것이다.

숫자 3은 누메롤로지numerology, 즉 수비론數秘論에서 완성을 의미하는 신성한 숫자다. 수비론은 각 숫자에 내재된 상징적 의미를 설명하는 분야로 창시자는 고대 그리스의 피타고라스로 알려져 있다. 멀리 신화나 종교적 사례를 언급하지 않더라도 실생활에서 셋으로 이뤄진 것들은 꽤 흔하다. 가령 야구 경기는 투구, 타격, 수비로 이뤄져 있고, 하루의 식사는 아침, 점심, 저녁으로 나뉜다. 그중 3이라는 숫자의 정신을 가장 잘 나타내는 예는 아마도 가위바위보 게임이 아닐까 싶다. 가위바위보 게임에 영원한 승자가 있을 수 없듯이 3의 세계는 모두가 주인공인 세계다.

돈의 세 측면은 서로 간의 우열을 가릴 수 없기에 동등한 관심과 대접을 필요로 한다. 투자가 중요하지 않은 것은 아니지만 돈 벌기나 돈 쓰기보다 더 중요하다고 볼 수는 없다는 얘기다. 그래서 각각에 대해 비중이 동등하도록 신경 썼다. 돈 버는 법은 3장에서, 돈 불리는 법은 4장에서, 그리고 돈 쓰는 법은 5장에서 다룰 것이다.

벌고, 불리고, 쓰는 돈의 세 측면을 모두 움켜쥐지 않는 한, 개인은 일평생 돈에 휘둘리기만 할 뿐이다.

전 지구적 맥락을 모르면
돈을 안다고 할 수 없다

　이제 여러분은 돈 문제가 세 가지 측면의 결합으로 나타나게 됨을 알게 되었다. 한 가지 분명한 사실은 벌고, 불리고, 쓰고 하는 돈의 세 측면에 대한 일차적인 통제권이 여러분의 손에 쥐어져 있다는 점이다. 여러분이 어떤 결정을 하느냐에 따라 그 결과가 달라진다. 결과를 언제나 미리 완벽하게 알 수 있는 것은 아니다. 하지만 모르려야 모를 수 없는 경우도 분명히 있다. 예를 들면, 버는 돈보다 쓰는 돈이 많은 경우 갖고 있는 돈은 계속 줄어들기 마련이다. 이걸 부인할 수는 없다.

　그런데 그게 전부가 아니라는 얘기를 지금부터 하려 한다. 돈 문제는 여러분이 직접 통제할 수 없는 많은 외부적 요인에 의해 심각하게 영향을 받기도 한다는 것이다. 좋지 않은 소식이라면 좋지 않은 소식이라고 할 수 있겠다. 나름 신경 써서 더하기, 빼기를 맞춰

놓았는데 갑자기 밀려오는 폭풍에 모든 것이 꼬여버릴 수 있다는 얘기니까. 그런 일이 생기면 슬프고 분하지만 어쩔 수 없다. 현실이 그렇다.

한 가지 유명한 예를 들어보자. 2000년대 들어 미국 정부는 자국민이 집을 최소한 한 채씩 소유하기를 원했다. 집이 사람들에게 안정과 긍지 그리고 성실한 생활의 이유가 될 것으로 기대했던 것이다. 그리하여 연봉이 높지 않은 사람들도 대출을 받아 우선 집을 살 수 있도록 여러 정책을 펼쳤다. 주택담보대출을 늘렸고, 이것이 금융시장 내에 소화될 수 있도록 증권유동화의 기법을 허용했으며, 몇 개의 정부기관을 설립하여 이에 대한 보증을 서주었다.

사람들이 실제로 집을 사게 되자 집값은 오르기 시작했다. 몇몇 곳에서는 아주 빠른 속도로 올랐다. 집값이 오르자 집을 사느라 진 빚은 아무것도 아닌 것처럼 느껴지기 시작했다. 집값이 이런 식으로 오른다면 한 채가 아니라 다섯 채, 열 채 등 많이 살수록 돈을 더 벌수 있을 것 같았다. 그 과정에서 집값은 합리적으로 설명할 수 없는 수준으로까지 올랐다. 그러고는 팡 하고 풍선 터지듯 터져버렸다.

사실 위 얘기는 어느 나라에서든 충분히 있을 수 있는 일이다. 역사를 돌아보면 선의로 시작한 일이 생각지 못한 방향으로 흘러가서 엉망진창이 되는 경우가 부지기수다. 하지만 미국의 집값이 미쳤다가 폭락했다고 해도 내가 빚을 내서 미국에 집을 산 게 아닌 이상 상관할 바 아니어야 했다.

그런데 그게 아니었다. 미국의 집값이 떨어지자 그에 연동되어 있다는 부채담보부증권이라는 종이쪼가리가 글자 그대로 휴지조각이 돼버렸다. 그러자 최고 수준의 금융기법과 리스크 관리 능력을 갖췄다는 헤지펀드들과 투자은행들이 연쇄적으로 무너져 내렸다. 금융권에서 가장 보수적이라는 보험회사 중 미국에서 제일 크다는 곳도 망해서 국유화되었다. 그 와중에 800원대 진입한다던 미 달러-원 환율이 1,600원까지 급격히 치솟아 올랐다. 그러면서 갑자기 온 나라에 곡소리가 나기 시작했다. 환율에 관련된 파생거래 때문이었다. 그 손실을 감당하지 못하고 부도를 맞은 회사들이 꽤 되었다. 직장을 잃은 사람 또한 적지 않았다.

이때의 쓰라렸던 경험도 이제 약 10년 전의 일이 되었다. 그래서 그런지 슬슬 사람들의 기억 속에 가물가물해져 가고 있다. 하지만 생각해보자, 도대체 미국의 집값이 폭락하건 말건 그게 왜 우리나라에 그토록 큰 파장을 몰고 오게 되었는지를. 상식적으로 생각해보면 미국의 집값과 우리 기업들과는 아무런 관련이 없어야 마땅했다. 그렇지만 결과적으론 지구 반대편의 집값 변동이 우리나라에 태풍을 몰고 온 셈이 되었다.

2007~2008년의 아픈 경험을 얘기했지만, 이런 면으론 그보다 10년 전에 벌어진 1997~1998년의 이른바 IMF 사태 때가 더욱 끔

찍했다. 왜 그런 일이 벌어졌는지를 정확히 설명하는 것은 생각보다 까다로운 일이다. 외부적으로 보면 굵직한 사건들로 1997년에 태국과 인도네시아 돈의 가치가 하락했고, 세계 최고라던 헤지펀드 하나가 막대한 손실로 공중 분해됐으며, 러시아가 자국 정부채권에 대한 지불유예, 즉 모라토리엄을 선언했다. 이들 사건은 거의 같은 시기에 발생해서 시간적인 선후 관계를 따지기가 쉽지 않다. 그보다는 전 세계 금융시장에서 이와 같은 일들이 동시다발적으로 벌어졌다고 보는 쪽이 더 타당했다.

이때는 사실 내부적인 문제도 적지 않았다. 재계 14위 규모인 한보그룹이 1997년 1월에, 그리고 재계 8위의 기아그룹이 같은 해 7월에 부도를 맞으면서 이후 연쇄적인 도산사태가 뒤를 이었다. 그렇지만 이 두 가지 사건만으로 그때 우리가 겪었던 모든 혼란을 설명할 길은 없다. 무엇보다도 700원 하던 환율이 2,000원까지 올라간 것이 제일 큰 파장을 미쳤다. 모든 달러 빚의 부담이 세 배로 커진 셈이었다.

요즘은 어떠할까? 무엇보다도 큰 화두는 중국 성장세의 둔화와 세계 무역의 감소다. 태생적으로 수출 중심의 경제구조를 피해갈 수 없는 우리로서는 둘 다 두려워해야 하는 일이다. 이러한 추세가 심화될수록 우리 기업들이 느끼는 어려움은 더욱 가중될 테다. 그로 인해 인력을 정리한다든지 혹은 아예 회사 자체가 정리되는 경우도 벌어질 것이다. 멀쩡히 직장 잘 다니고 있다고 생각했는데 갑자기 하루아침에 직장이 없어지는 상황이 생길 수 있다는 얘기다.

이 모든 상황을 상징하는 하나의 말이 있다. 바로 세계화다. 사실 이 단어는 그동안 너무 많이 들어서 이제는 진부하게까지 들린다. 우리에게 세계화란 국내에는 먹을 것이 별로 없으니 해외로 나가야 한다는 의미로 주로 받아들여졌다. 하지만 그 진정한 함의는 점점 국가 간의 장벽이 낮아지고 있다는 뜻이다. 이는 일방적으로 좋기만 한 것은 아니다. 해외로 진출한 만큼 해외의 변동에 직접적인 영향을 받게 되고, 또 먼 외국에서의 소동으로 그쳐야 할 일의 여파가 그대로 우리에게도 밀려온다는 얘기라서 그렇다.

비선형 동역학이라는 분야에서는 이를 '나비효과'라고 부른다. 브라질에 있는 나비의 작은 날갯짓 때문에 미국의 텍사스에 토네이도가 발생할 수 있다는 뜻이다. 원래는 초기 조건상의 아주 사소한 변화가 결과적으로 엄청난 차이를 가져올 수 있음을 상징했다. 여담이지만, 최초의 논문에서는 나비가 아니라 갈매기였다는 사실. 즉 갈매기의 작은 퍼덕거림도 돌풍을 불러일으킬 수 있다는 것이었다. 그랬던 것이 언젠가부터 나비로 바뀌었다. 아마도 좀 더 극적인 느낌을 주기 위해서가 아닐까 싶다.

나비효과는 나중에 의미가 확장되어 무관해 보이는 것들 사이에도 보이지 않는 관계가 있어 난폭한 결과가 초래될 수 있다는 의미로도 쓰인다. 미국 미시간에 살던 사람이 주택담보대출을 연체한 것 때문에 미시간 근처에도 가본 적 없는 우리나라의 기업이 부도 처리된 것, 그게 바로 나비효과의 한 예다.

이러한 사실을 수학적으로 처음 보고한 사람은 기상전문가 에드워드 로렌츠다. 컴퓨터를 이용한 수치 시뮬레이션을 수행하던 중, 로렌츠는 깜짝 놀랐다. 이전의 시뮬레이션과 너무나 다른 값이 계산된 때문이었다. '이럴 리가 없는데……' 하고는 프로그램의 버그를 열심히 찾아보았지만 눈에 띄지 않았다. 결국 밝혀진 원인은 부주의로 원래 숫자와 거의 같지만 전적으로 같지는 않은 다른 숫자가 입력된 탓이었다. 0.506127이 들어갈 자리에 0.506이 들어갔던 것.

로렌츠가 이러한 사실을 발견하기 전까지 사람들의 세상에 대한 이해는 선형적이었다. 선형적이라는 말은 1을 집어넣어 10이 나오면, 2를 집어넣으면 20이 나온다는 뜻이다. 그래서 선형성이 지배하는 세계는 예측이 가능하고 통제도 용이했다. 통상적인 경제학의 세계가 바로 그러했다. 하지만 비선형의 세계는 예측도 불가능하고 통제는 더더욱 꿈도 꿀 수 없는 그런 세계다. 0.506127과 0.506 사이에는 고작 0.025퍼센트의 미세한 차이만 있을 뿐이다. 하지만 비선형적 세계에서는 그 작은 차이 때문에 토네이도가 생길지 말지가 결정된다. 우리가 살고 있는 요즘 세상이 바로 그렇다는 것이다.

외부적 문제 때문에 시달리고 싶지 않으니 아예 이를 차단하면 안 될까 하는 생각이 들 수도 있다. 과거에 그런 생각을 실천에 옮긴 적도 있었다. 19세기 때 얘기다. 왕권에 위협이 될 것 같은 종교도 들어오지, 코쟁이들이 군함을 몰고 와서 대포를 쏘아대지, 성리학적 관념론에 반하는 기술문명이 얼씬거리지, 당시의 지배계급이 보기에 골치 아픈 일이 한두 가지가 아니었다. 그들이 택한 방법은 쇄국정책이었다. 그냥 모르쇠 하고 문을 닫아걸면 그들의 아름다운 이상향이 지켜질 줄 알았던 것이다. 물론 그들의 바람은 이뤄지지 않았다.

말하자면 요즘은 돈 문제에서 세계 금융시장의 영향을 무시할 수 없는 시대다. 가령, 미국의 중앙은행인 연방준비제도가 언제 달러 이자율을 올릴 것인가가 거의 모든 금융회사의 초미의 관심사다. 또, 많은 기업이 유가가 어떻게 변동되는지에 온 신경을 쓰고 있다. 이런 변수들이 우리에게 심각한 영향을 미치기 때문이다. 당장 미국의 이자율이 올라가면 우리가 따라가지 않을 재간이 없다. 그렇게 되면 빚을 지고 있는 회사나 개인들의 부담이 더욱 가중되는 것을 피할 수 없다.

결론적으로 제대로 된 돈 공부를 하려면 전체 판을 짜는 이들을 이해해야 한다. 요즘의 돈은 전 세계를 제집 안방 드나들 듯 누비고 다니기에 전 지구적 맥락과 시야는 필수적이다. 내가 다니고 있는 회사에서의 진급만 신경 쓸 문제가 아니라는 것이다. 물론 이들을 이해했다고 해서 갑자기 돈이 벌리거나 내 월급이 늘지는 않는다. 하지만 적어도 갑자기 뒤통수 맞는 일은 줄일 수 있다. 애써서 돈을 모았는데 뒤통수 맞으면 너무나 분하지 않은가.

신기하게도 지난 30년간 금융위기는 매 10년마다 반복돼왔다. 이제 다가올 2017~2018년에 전 지구적 금융위기가 또 한 번 오게 될까? 온다, 안 온다를 예측하기보다는 올지도 모른다는 가능성에 대비할 필요가 있어 보인다. 준비가 되어 있다면, 반복적인 금융위기는 오히려 이익의 기회가 될 수 있다.

돈의 기본 프레임

2장

돈은 네 개의 좌표로
바라봐야 한다

한 개인이 전 지구적인 시스템을 어떻게 할 수 있는 방법은 없다 시피 하지만 그렇다고 무방비로 손을 놓고 있을 수는 없다. 시스템은 시스템대로 돌아갈 테니, 여러분은 여러분대로 시스템을 만들어야 한다. 앞에서 얘기했던 돈을 벌고, 불리고, 쓰는 세 측면을 아우르는 여러분만의 시스템이 필요하다.

하나의 영감이 될 만한 얘기를 해보자. 유럽 대륙의 한가운데에 위치한 스위스는 원래 찢어지게 가난한 나라였다. 척박한 산악지 대라 농작물도 키우기 어렵고, 바다와 면하지 않은 내륙국가라 어업에 종사할 수도 없었다. 유일하게 할 수 있는 양 떼 키우기로는 입에 풀칠하기도 쉽지 않았다. 그러니 인구가 늘 리도 없었다. 지금 현재도 스위스 인구는 800만 명을 갓 넘길 정도로 적다.

게다가 주변엔 프랑스, 독일, 이탈리아, 오스트리아라는 유럽 대륙의 내로라하는 4대 강국과 국경을 마주한 탓에 늘 걷어차이는 신세였다. 스위스인들이 노력한다고 해서 프랑스나 독일이 사라질 리는 없었다. 포위를 당한 채 사는 것은 영원토록 계속될 일이었다. 한마디로 한심한 신세였다.

하지만 스위스인들은 포기하지 않았다. 주변의 강국이 어쩌지 못할 정도의 국력을 갖기 위해 수백 년에 걸쳐 힘을 축적했다. 처음에는 몸을 팔아 돈을 벌었다. 쉽게 말해 용병이 되었다. 팔 게 몸밖에 없었기 때문이다. 스위스는 원래 귀족을 인정하지 않는 평등한 사회였다. 그래서 스위스 용병대는 한마음으로, 한 몸인 것처럼 싸웠다. 스위스 용병대의 규율과 용맹에 대한 명성은 점차 올라갔다.

용병은 글자 그대로 돈을 받고 대신 싸워주는 군인들이다. 원래 용병은 이탈리아가 유명했다. 르네상스 시대에 이탈리아 용병의 활약은 대단했다. 그런데 이들은 돈을 벌고 싶었을 뿐, 죽을 생각은 없었다. 그래서 전세가 불리하다 싶으면 도망가거나 항복해버렸다. 상대편이 돈을 더 내놓겠다고 하면 전투 중에 갑자기 편을 바꿔버리기도 했다. 도시를 지켜달라고 돈 주고 불러왔더니, 오히려 도시를 무력으로 장악하기도 했다. 유능한 전투 집단이긴 했지만 도대체 믿을 수가 없었다.

스위스 용병대는 달랐다. 이탈리아 용병대처럼 했다가는 어느 도시나 국가도 자신들을 필요로 하지 않을 것임을 알았다. 가진 게 몸밖에 없는 상황에서 스스로를 범용재로 만들었다가는 두고두고 값 싸게 취급될 터였다. 그래서 투항하거나 도망칠 수 있는 상황에서도 죽을 때까지 싸웠다. 당연히 다른 나라의 군대는 스위스 용병대를 두려워했다. 돈으로 매수되거나 배신하지 않는 경호부대를 원하는 왕들은 훨씬 더 비싼 값을 지불하고서라도 스위스 용병대를 최지근 거리에 두었다.

18세기 프랑스혁명 때의 일은 이들의 진가를 알 수 있는 역사적 사례다. 루이 16세와 마리 앙투아네트가 시민군에 포위되었을 때 왕당파 수비대는 모두 도망을 치고, 오직 700여 명의 스위스 용병 대만 남았다. 시민군은 왕과 왕비만 넘기면 모두 무사히 스위스로 돌아갈 수 있게 해주겠다며 항복을 권유했지만, 스위스 용병대는 거 부했다. 아직 경호의 계약기간이 남았다는 이유였다. 당시 한 용병 은 가족에게 보내려고 했던 편지에 "우리가 신뢰와 신용을 잃으면 우리 후손들은 영원히 용병을 할 수 없으니 죽음으로 계약을 지키 려고 한다"고 썼다. 이들은 결국 한 명도 빼놓지 않고 모두 죽음으 로써 계약을 완수했다.

그렇게 피로써 벌고 모은 돈으로 지금 스위스는 남부럽지 않은 국가가 되었다. 여전히 스위스는 중부 유럽의 소국이지만 스위스를 무시하는 나라는 드물다. 심지어 안하무인이었던 2차 대전 때의 히 틀러조차도 스위스는 건드리지 않았다. 점령하고자 하면 할 수는 있겠지만 그 과정에서 독일 제3제국이 입는 피해가 적지 않다고 판단했기 때문이다. 우리 모두는 스위스와 같은 상태를 지향해야 한다.

그러기 위해서는 돈에 관한 기본 프레임을 올바로 지녀야 한다. 보통은 그냥 돈의 많고 적음만을 이야기한다. 물리학에 비유하자면 돈을 스칼라 값으로 간주하는 것이다. 스칼라란 말이 혹시 낯설게 들릴지도 모르지만, 별 게 아니다. 단지 크기만 있는 값, 그게 스칼라다. 이 말은 라틴어로 원래 사다리를 뜻하는바, 키, 무게, 허리둘레 같은 것들이 스칼라인 물리량의 대표적인 예다.

하지만 단지 돈의 많고 적음만을 따지는 단편적이고 일차원적인 관점으로는 부족함이 많다. 언제 어느 상황에서도 공통적으로 적용할 수 있는 제대로 된 돈의 기본 프레임이 필요한 것이다. 그것을 알고 행하는 것이 바로 진정한 돈 공부다.

그렇다면 돈의 기본 프레임이란 무엇일까? 우선 돈은 스칼라가 아닌 벡터라는 것이 출발점이다. 벡터는 스칼라와 대비되는 물리량이다. 크기만 있는 것이 아니라, 방향도 같이 고려해야 하는 것, 그것이 벡터다. 돈은 벡터로써 표현되는 값이라는 것이다.

어떤 벡터를 나타낼 때, 우리는 좌표계를 사용한다. 예를 들어, 여러분이 있는 위치를 나타낸다고 해보자. 이를 정확히 나타내기 위해서는 세 개의 좌표가 필요하다. x축, y축 그리고 z축 상의 값이 그것이다. 길 찾기를 할 때, 현재 위치를 기준으로 서쪽으로 100미터, 남쪽으로 200미터 온 다음, 10층으로 올라오라고 얘기를 하는 것과 같다. 이렇게 세 개의 좌표로 이루어진 공간을 우리는 3차원 공간 혹은 3차원 벡터공간이라고 부른다.

돈의 경우는 어떨까? 돈을 정확히 나타내려면 네 개의 좌표가 필요하다. 그 각각에 대해서는 뒤에서 좀 더 자세히 살펴볼 예정이니, 여기서는 그 네 개의 좌표가 무엇인지만 얘기하도록 하자. 첫 번째 좌표는 수량이요, 두 번째 좌표는 시간이며, 세 번째 좌표는 불확실성이고, 마지막 네 번째 좌표는 마찰이다. 즉 돈은 수량, 시간, 불확실성, 마찰이라는 네 개의 좌표로 표현되는 4차원 벡터공간 상에 존재한다.

묘하게도 돈의 4차원 벡터공간은 우리가 살고 있는 물리적 공간과 차원의 수가 같다. 아인슈타인은 우리가 살고 있는 공간이 4차원이라고 주장했는데, 앞의 3차원 공간에 시간이라는 하나의 좌표를 더해서 그렇다. 이름 하여 '시공간'이다. 즉 돈의 벡터공간은 아인슈타인이 제안한 시공간의 4차원 세계에 비견할 만하다.

이해하기 어려운 대상을 나타내는 말로 4차원이라는 단어를 쓰는 경우가 있지만, 여기서는 전혀 그런 의미가 아니다. 하나의 돈을 종합적으로 파악하려면 앞에서 얘기한 네 가지를 동시에 고려해야 한다는 것이 나타내고자 하는 뜻의 전부다.

돈의 제1좌표는
수량

이제 돈의 네 개의 좌표 각각에 대해 하나씩 알아보도록 하자. 첫 번째 좌표는 앞에서 얘기한 것과 같이 수량이다. 보통 돈을 떠올릴 때 금액이 얼마라고 하는 바로 그 값이다. 만 원짜리 지폐의 수량은 당연히 만 원이고, 지금 당장 2억 원에 사겠다는 구매자가 있는 오피스텔의 수량은 말할 것도 없이 2억 원이다. 수량이라는 표현을 썼지만, 금액으로 이해해도 무방하다.

사실 수량이라는 단어를 썼지만 수와 양은 조금 다른 개념이다. 수는 셀 수 있어야 하고 양은 세는 것이 불가능하다. 그렇다면 돈은 수일까, 아님 양일까? 역사적으로 돈은 양으로 정의돼왔다. 금이나 은 혹은 소금 같은 원자재의 무게를 재어 돈을 나타냈기 때문이다. 파운드나 리라, 마르크와 같은 돈의 단위들 자체가 원래 무게의 단위였다.

과거의 1,000이라는 돈을 기본 1단위로 바꾸는 리디노미네이션 redenomination 같은 것이 벌어질 수 있음을 생각하면 돈은 수보다는 양에 가까워 보인다. 한편 기본 단위보다 작은 돈은 개념적으로 곤란하고 거래도 불가능함을 생각하면 수의 성격도 일부 없지는 않다. 사실 돈이 셀 수 있는 자연수냐 아니면 실수로 표현되는 양이냐 하는 건 실제로 그렇게 중요한 사항은 아니다. 둘 다의 성격이 조금씩 있다고 해서 크게 문제 될 것은 없다.

수량으로서의 돈에 비교할 만한 물리량들은 여럿 있다. 우선적으로 질량을 생각해볼 수 있다. 얼마나 무거운가를 나타내는 질량과 돈의 수량 사이에는 직접적인 일대일 관계가 가능하다. 돈을 얼마 갖고 있다는 것은 그만큼의 질량을 갖고 있다는 뜻으로 이해해도 전혀 무리가 없어 보인다. 이미 갖고 있는 돈과 앞으로 들어올 돈은 모두 그 금액에 해당하는 질량으로 받아들이면 된다. 500원에 500원을 더하면 정확히 1,000원이 된다는 것을 일종의 '질량 보존의 법칙'으로 인식할 수도 있다. 반대로 나갈 돈은 마이너스 부호를 붙이면 된다. 없어질 돈이 100만 원이라면, -100만 원으로 표기하는 것이다.

그런데 이와 같이 나타내면 질량과의 일대일 대응관계가 아리송해진다. 우선 물체의 질량이 음수인 상황을 상상하기 어렵다. 질량이란 0이거나 양의 값을 갖는 대상이기 때문이다. 그뿐만 아니라,

좀 더 근본적으로 돈이 음수로 존재한다는 게 무슨 의미인지 불분명하다. 물리적인 돈을 생각해보면, 질량과 마찬가지로 얼마든 있거나(양의 값) 아니면 아예 없는 경우(0의 값)만 가능한 것처럼 느껴진다.

후자의 문제에 대해 먼저 생각해보자. 원래 돈이란 아예 없어서 0일 수는 있어도 그보다도 작은 음의 값이란 없는 것이 타당하다. 그런데 은행들의 대출이 이 모든 것을 바꿔놓았다. 빌린 돈은 언젠가 갚아야 한다. 갚아야 하는 돈이 곧 마이너스의 돈인 것이다. 내가 지금 갖고 있는 돈이 전혀 없는 상태에서 한 달 뒤에 갚아야 할 돈만 1억 원이 있다면 내 돈의 총량은 -1억 원이다. 이와 같이 이해한다면 음의 돈이 존재한다고 얘기하는 게 불가능하지는 않다.

앞의 1장에서 가볍게 정의하기를 '돈은 다른 물건을 확보할 수 있는 잠재적 구매력'이라고 했던 것을 기억해보자. 돈을 일종의 질량으로 간주하는 위의 비유가 잠재적 구매력이라는 앞의 정의와 부합할까? 부합하도록 만들 방법이 있다. 잠재적 구매력이라는 표현을 유용한 물건을 획득할 잠재적 에너지로 번역하면 된다. 돈을 구매할 수 있는 에너지로 간주하자는 것이다.

용케도 질량은 에너지와 비례관계에 있다. 중력장 내에서 물체의 위치에너지는 그 물체의 질량에 일정한 상수를 곱한 값으로 정의된다. 왜 그렇게 되는지 아는 사람은 극히 드물지만, 아인슈타인의 축복받은 식 $E=mc^2$을 못 들어본 사람 또한 매우 드물다. 이 식에 의하면 에너지는 질량에 빛의 속도의 제곱을 곱한 값과 같다. 다시 말해 질량은 에너지로 바뀔 수 있고, 따라서 돈은 결국 에너지이기도 하다.

돈의 수량을 물리량에 비유하는 것은 이쯤에서 그치기로 하고, 이번에는 돈의 수량에 관한 성질을 파악하는 데에 도움이 되는 몇 가지 예제를 살펴보도록 하자. 이해의 편의를 돕기 위해 가장 단순한 상황을 가정하지만 이를 확장하면 일반적인 경제계를 얻을 수 있다.

두 명으로 이루어진 세상을 생각해보자. 첫 번째 사람은 뭔가 쓸모가 있는 물건을 갖고 있지만 지폐 같은 돈은 갖고 있지 않다고 가정하자. 반대로 두 번째 사람은 쓸모 있는 물건은 갖고 있지 않지만 대신 모든 돈을 갖고 있다고 하자. 누가 더 부자일까?

얼핏 생각하면 모든 돈을 갖고 있는 두 번째 사람이 더 부자일 것 같다. 하지만 그가 갖고 있는 돈은 오직 첫 번째 사람의 물건을 일부나마 확보할 때에만 의미가 있다. 가령 그 물건이 생존에 필수적인 식량이라고 해보자. 첫 번째 사람이 자신의 식량을 두 번째 사람의 돈과 바꿔주지 않는 한 두 번째 사람이 갖고 있는 돈은 글자 그대로 무용지물이다. 돈의 형태가 지폐든 혹은 금화든 앞의 결론은 달라지지 않음을 주목하자.

이번에는 첫 번째 사람이 선심을 써서 자신의 물건 두 개 중 하나를 두 번째 사람의 돈과 교환해줬다고 가정해보자. 두 번째 사람은 표면적으로 10단위의 돈을 갖고 있었는데, 그중 1단위의 돈을 물건 값으로 첫 번째 사람에게 줬다. 이제 두 사람의 재산은 어떻게 변할까? 겉으로 드러난 대로 계산하자면, 첫 번째 사람은 1의 돈과 1의 가격을 갖는 물건 하나를 갖고 있으므로 전 재산은 2다. 반면 두 번째 사람은 남은 9의 돈과 1의 가격을 갖는 물건 하나를 갖고 있으므로 전 재산은 10이다. 따라서 두 번째 사람의 재산이 첫 번째 사람보다 다섯 배가 많다는 결론이 나온다.

그런데 사실 두 번째 사람의 수중에 남아 있는 9의 돈은 있으나 마나다. 그 돈으로 달리 더 할 수 있는 일이 없기 때문이다. 맨 처음의 사례에서 첫 번째 사람이 물건과 교환해주지 않으면 두 번째 사람의 돈은 아무런 가치를 지니고 있지 않았던 것과 마찬가지다. 그런 관점에서 보자면 첫 번째 사람과 두 번째 사람의 의미 있는 재산은 같다. 이와 같은 결론은 첫 번째 사람이 자신의 물건을 9의 돈을 받고 두 번째 사람에게 줬다고 해도 달라지지 않는다. 심지어 두 번째 사람의 돈의 총량이 10이 아닌 100 혹은 1,000이라고 해도 변함이 없다.

이로부터 우리는 무엇을 깨달을 수 있을까? 쓸모 있는 물건과 무관한 돈은 그게 얼마든 간에 있으나 마나 한 존재라는 것이다. 돈의 총량이 늘어난 결과로 물건의 가격이 올랐다고 해서 물건을 갖고 있는 사람이 갑자기 더 부자가 되는 것은 아니다. 왜냐하면 은행들은 신용을 통해 돈의 총량을 얼마든지 늘릴 수 있기 때문이다. 그것도 특정 산업이나 계급에게 선택적으로 돈을 공급한다. 그렇게 허공에서 생긴 돈은 물건들의 가격을 왜곡시키고 심하면 버블까지 만들어낸다.

사실 앞의 첫 번째 사람은 돈만 갖고 있는 두 번째 사람에게서 돈을 받을 게 아니라 하다못해 다리라도 주물러달라고 요구하는 편이 나았다. 그럼으로써 뭔가 가치 있는 것을 돌려받게 되니까. 앞에서 상징적인 의미로 쓸모 있는 물건이라고 했지만, 그 물건은 얼마든지 서비스가 될 수도 있다. 하지만 돈 자체는 정말이지 쓸모가 없다. 다른 유용한 것들에 대응되지 않는다면 말이다.

돈의 제2좌표는
시간

초등학교 시절에 자주 들었을 법한 속담 중에 '시간은 돈이다'라는 것이 있다. 돈만큼 시간이 소중하다는 의미이지만, 돈의 기본 프레임을 정의하려고 하는 내게는 하나의 영감으로 다가온다. 즉 돈을 얘기할 때 시간을 얘기하지 않을 수 없다는 것이다. 그래서 시간이 돈의 두 번째 좌표다.

앞에서 돈의 수량은 양수 아니면 음수로 표현됐다. 그런데 홀로 존재하는 수량은 아무런 의미가 없다. 예를 들어보자. 공급면적이 106제곱미터인 아파트의 가격이 650만 원이라고 하면 믿기지 않는다. 그것도 서울시 서초구 반포동에 있는 아파트라고 하면 더더욱 그렇다. 하지만 위 가격은 틀림없는 사실이다. 다만 650만 원이라는 금액에 따라붙는 시간이 지금 현재가 아닐 뿐이다. 650만 원은 대한주택공사가 반포주공 1단지 아파트를 1973년에 분양할 때의 금액이다. 그로부터 40년 이상 흘러 완전히 낡아버린 같은 아파트의 2016년 거래가격은 대략 21억 원에 달한다.

"에이, 당연한 얘기 아니야?" 했을 독자들이 꽤 있을 것 같다. 위와 같이 설명하면 돈을 얘기할 때 어느 시점의 돈인지 밝히지 않을 경우 꽤 혼란스럽다는 사실을 누구나 인정한다. 하지만 막상 이를 항상 기억하고 고려하는 사람은 드물다.

물론 대부분 언급되는 돈의 수량은 현재 시점의 것이긴 하다. 지금의 돈을 얘기하는 경우가 많기 때문에 굳이 시점을 언급할 필요를 못 느껴서 그럴 수도 있을 것이다. 그러나 지금의 돈이 아닌 경우도 생각해보면 꽤 많다. 과거 시점의 돈이 있고, 더욱 중요하게는 미래 시점의 돈도 있다.

특히 문제가 되는 것은 미래 시점의 돈이다. 미래의 돈은 현재의 돈과 마찬가지로 양수일 수도 있고 음수일 수도 있다. 생기는 돈일 수도 있고 나가야 하는 돈일 수도 있다는 얘기다. 생기는 돈보다 나가는 돈이 크면 문제가 아닐 수 없다.

또한 미래의 돈이라고 해서 다 같은 돈이 아니다. '어느' 미래의 돈인지가 또 문제가 된다. 예를 들어, 1년 뒤에 갚아야 하는 1억 원과 10년 뒤에 갚아야 하는 1억 원이 같은 정도의 부담으로 다가올 것 같지는 않다. 우선 숫자상으로는 같은 1억 원일지라도 내야 하는 입장에서 그 가치는 분명히 다르다. 게다가 발생되는 시점이 다른 것에 기인하는 효과도 있다. 1년 안에 1억 원을 마련하기는 쉽지 않은 일이지만, 10년에 걸쳐 모을 수 있다면 얘기는 달라진다.

돈에서 수량과 시간의 관계는 너무나 상호의존적이어서 둘 중에 뭐가 더 중요하냐를 가리기가 쉽지 않다. 수량이 정의되지 않은 돈이라는 개념은 설 땅이 없다. 그렇지만 시간이 고려되지 않은 돈이라는 개념도 막연하기만 하다. 마치 닭이 먼저냐 달걀이 먼저냐는 질문과 다를 바 없게 느껴질 정도다.

수량이 먼저 있고 시간은 그에 종속된 변수라고 한다면 이는 우리가 살고 있는 세계를 정적인 관점으로 보겠다는 입장이다. 한편 반대로 시간이 먼저 있었고 그 후에 수량이 생겨났다고 한다면 이는 동적인 세상을 꿈꾼다는 의미다. 둘 중 하나를 꼭 골라야 한다면 왠지 모르게 나는 후자에 마음이 쏠린다. 결정적으로 돈의 모든 측면 중에서 미래에 대한 대비라는 측면이 가장 가슴에 와 닿기 때문이 아닐까 싶다.

시간의 본질은 흘러가는 것이다. 그리고 흘러가는 시간만이 존재의 의의를 증명해줄 수 있다. 고대 그리스의 헤라클레이토스는 "우리는 같은 강물에 두 번 들어갈 수 없다"고 말했다. 강물은 늘 흐르기 마련이기 때문에 매 순간 다른 물을 만나게 된다는 것이다. 만물은 변하기 마련이고 정지된 것은 존재할 수 없다는 '만물유전'의 핵심은 변화, 즉 시간이다.

시간에는 두 종류의 시간이 존재한다. 하나는 뉴턴의 절대시간이다. 우주에서 벌어지는 사건들과 무관하게 과거에서 현재로 그리고 현재에서 미래로 유유히 흐르는 시간으로, 우리가 당연시하는 시간이기도 하다. 절대시간이 성립된다면 지구의 어느 지점에 있든 혹은 우주의 어느 위치에 있든 똑같은 시간이 적용된다. 다시 말해 지구에서의 한 시간과 화성에서의 한 시간은 전적으로 동일한 한 시간이다.

그런데 뉴턴의 절대시간을 부정한 사람도 있다. 바로 상대성이론의 아인슈타인이다. 아인슈타인에 따르면 시간은 절대적인 물리량이 아니고 관찰하는 사람마다 각기 달리 존재하는 상대적인 물리량이다. 이름 하여 상대시간 혹은 상대적 시간이다. 그나마 다행인 것은 돈의 세계에서 상대시간을 고려할 필요는 없다는 점이다. 즉 돈에서의 시간은 뉴턴의 절대시간이다. 여러분이 빛의 속도로 우주를 날아다니지만 않는다면 말이다.

돈의 제3좌표는 불확실성

이제 돈의 세 번째 좌표에 대해 알아볼 차례다. 앞에서 나온 돈의 수량과 시간은 어찌 보면 자명한 얘기다. 수량으로 표현되지 않는 돈이란 생각조차 할 수 없으며, 시간이 돈에 미치는 영향도 들으면 충분히 수긍이 가기 때문이다. 반면 불확실성이라는 돈의 세 번째 측면은 조금 다르다. 얘기를 들어도 '그렇구나' 하고는 다시 잊어버리기 십상이다.

불확실성을 가슴속 깊이 새기는 사람은 참으로 드물다. 하지만 돈의 네 개의 좌표 중 가장 중요한 하나를 고르라고 한다면 나는 이걸 뽑겠다. 불확실성은 돈에서 그 정도로 중요하다.

먼저 불확실성이라는 말에 대해 설명해보자. 영어의 uncertainty 를 번역한 불확실성은 글자 그대로 '확실하지 않은 상태'나 '확실하지 않음'을 의미한다. 그게 다다. 거창하게 현학적으로 설명할 필요가 없다. 결정되어 있지 않고 확실하지 않다는 게 불확실성의 전부다.

　조금만 생각해보면 돈은 온통 불확실성 천지다. 제일 먼저 돈의 첫 번째 좌표인 수량에 결부된 불확실성이 있다. 사업을 하는 사람들은 이를 누구보다도 잘 안다. 자신의 사업 아이템이 얼마나 팔릴지, 그리고 얼마나 많은 돈을 벌어다 줄지 물론 미리 알고 싶다. 하지만 알 재간이 없다. 이걸 미리 확실하게 알 수 있다면 세상에 망하는 사업체는 한 군데도 없을 것이다. 부도난 회사들과 폐업한 식당과 치킨집에 대한 얘기가 끊이지 않는 것으로 미루어보건대 돈의 수량은 결코 확실하지 않음을 알 수 있다.

　투자에서의 수량도 불확실하기는 매한가지다. 내가 산 주식의 가격이 얼마가 될지 미리 알 수 있다면 얼마나 좋겠는가? 기대야 늘 언제나 장밋빛 전망이지만 기대대로 될 가능성이 별로 크지 않다는 것은 증권회사 직원들도 인정하는 사실이다. 확정된 수익률을 준다는 투자상품이라고 해서 다르지 않다. 다행스럽게 약속된 대로의 수익률을 얻는 경우도 있기는 하겠지만, 배신을 당하는 경우도 왕왕 벌어진다. 절대 부도날 리가 없다는 AAA 등급의 채권도 실제로 부도가 났으니 더 볼 것도 없다.

　직장에 다니는 월급쟁이들의 월급은 그래도 좀 나을 것 같지만, 알고 보면 여기도 별로 신통치 않다. 금년 월급은 그래도 확실하지만 연봉제하에서 내년이나 그 이후의 연봉은 결코 확실하지 않다. 또 생각지도 못한 시점에 갑자기 명예퇴직을 강요당하거나 정리해고를 당해 수입이 갑자기 없어지기도 한다. 어느 것 하나 불확실하지 않은 것이 없는 것이다.

돈에서의 불확실성은 비단 수량에만 한정된 얘기가 아니다. 두 번째 좌표인 시간도 불확실성을 갖고 있다. 돈이 언제 생길지, 그리고 또 언제 돈이 나갈지 미리 확정적으로 알 수 있는 방법은 없다. 돈이 언제 나갈지 알 수 없는 대표적인 예로 경조사비를 생각해볼 수 있다. 친구나 혹은 지인의 자녀가 언제 결혼을 할지 무슨 수로 알 수 있겠는가 말이다. 생각지 못했던 질병이나 불의의 사고로 돈을 지출하게 될 시점도 미리 확신할 수 없다. 돈의 수량이나 시점이 불확실하다는 것은 사실 너무나 당연한 이야기다. 너무 당연해서 따로 말할 필요가 없을 정도다.

그런데 사람들은 불확실한 것을 싫어한다. 거의 대부분의 사람들에게 발견되는 일종의 습성이다. 불확실하다는 사실 앞에 눈을 감으려 하거나 혹은 성급히 어느 한쪽의 결론을 내리고는 그렇게 되리라는 근거 없는 확신을 가지려 든다. 다시 말해 불확실성을 거부하고 모든 게 확실하다고 믿고 싶어 하는 심리적인 경향이 있는 것이다. 심리나 생물을 연구한 사람들에 의하면 우리 인류는 그렇게 불확실성을 불편해하도록 유전적으로 코딩되어 있다고 한다.

여기서 재미있는 일이 벌어진다. 앞에서 불확실성은 확실하지 않은 상태라고 말했다. 어디에서도 확률을 얘기하지는 않았다. 불확실하다는 것과 확률이 어떻게 된다는 것은 결코 같은 것이 아니다. 불확실하다는 것은 그 상태를 확률이나 혹은 어떤 숫자로써 표현할 수 없다는 의미다. 그럼에도 불구하고 내가 위에서 정의한 불확실성이라는 돈의 세 번째 좌표가 사실은 확률 혹은 어떤 숫자를 의미한다고 주장하는 사람이 나올 것이다. 내기해도 좋다.

숫자로 표현할 수 있는 불확실성이라는 개념은 재무 이론에서 결코 낯선 대상이 아니다. 여러분이 한두 번은 들어봤을 리스크라는 개념이 바로 그렇다. 좀 더 구체적으로 얘기하자면, 돈에 관한 대학 교재들은 리스크를 수익률의 분산 혹은 표준편차라고 가르친다. 표준편차나 분산은 계산이 가능한 하나의 숫자임에 주목하자. 용어 만들기를 좋아하는 그들은 수익률의 표준편차를 지칭하는 '변동성'이라는 단어도 만들어냈다. 그들에 의하면, 계산도 가능하고 따라서 예측도 가능한 그런 불확실성이 리스크다.

이런 일은 늘 벌어진다. 영국의 공무원이었던 존 메이너드 케인스는 경기나 주가를 예측한다는 것은 있을 수 없는 일이라고 단언했다. 사람들에게는 이른바 동물적 야성이 있어서 언제 무엇이 어떤 식으로 발현될지 불확실하기 때문이라는 것이었다. 그랬더니 존 힉스라는 사람이 그러한 케인스의 동물적 야성을 예측 가능한 대상으로 간주하여 하나의 죽은 경제학 모델을 내놓았다. 자신의 본의와 어긋난다는 케인스 자신의 항의에도 불구하고, 현재 힉스의 모델은 케인스의 이론이라고 가르쳐지고 있다.

분명히 말하지만 수익률의 표준편차로 정의된 리스크는 결코 내가 얘기하고자 하는 돈의 세 번째 좌표가 될 수 없다. 그걸로 대치할 수 있었다면 불확실성이라는 단어 대신 변동성이나 리스크라는 단어를 골랐을 것이다. 세상에는 예측이 안 되는 것들이 너무나 많다. 미래의 본질은 예측 불가능성에 있다. 예측이 가능한, 즉 확실한 미래가 있다면 그건 정의상 미래라고 부를 수 없다.

그럼 불확실성에 대해서 아무런 수단이 없는 것일까? 그렇지는 않다. 어떤 상태가 나타날지 확실히 알 수 있는 방법은 없지만 적어도 어떤 상태가 나타날 수 있는지는 알 수 있는 경우들이 있다. 투자를 예로 들자면, 원래 갖고 있던 100이라는 돈을 들여 주식 같은 금융상품을 샀다고 해보자. 이게 150이 될지 혹은 50이 될지는 알 수 없지만, 적어도 한 가지 사실은 확실하다. 0보다 밑으로 내려갈 수는 없다는 점이다. 그러니까 최악의 경우는 정해져 있다. 반대로 최선의 경우가 확정되어 있을 수도 있다. 이런 정보들을 잘 감안해서 돈에 대한 결정을 내리면 되는 것이다.

요약하자면 돈의 불확실성은 모든 가능성을 겸허하게 인정하자는 의미다. 그 말은 곧 조심하라는 의미이기도 하다. 그런 점에서 불확실성의 본질은 델피의 신전에 쓰여 있던 저 유명한 문구 '그노티 세아우톤gnothi seauton'을 닮았다. 그 뜻은 '너 자신(의 무지)을 알라'다.

돈의 제4좌표는
마찰

앞에서 나온 수량, 시간, 불확실성은 모두 우리가 사는 물리적 세계를 인식하고 묘사하는 중요한 변수들이었다. 이를테면 물리적 시선으로 돈의 세계를 바라봤다고 할 만했다. 그런 점에서 돈의 네 번째 좌표도 다르지 않다. 그것은 바로 마찰이다.

마찰 혹은 마찰력은 물리계의 모든 곳에서 발견된다. 물리계란 물질, 힘 그리고 에너지로 구성된 계다. 이를 지배하는 물리적 법칙들은 깔끔하고 단순하며 우아하다. 천상의 조화로운 세계에 못지않다. 하지만 실험이나 경험을 통한 물리계는 결코 그렇게 단순하지만은 않다. 균형은 늘 깨지기 마련이고 에너지는 보존되지 않고 조금씩 줄어든다. 우리가 사는 실제 세계는 지저분하며 복잡하고 추하다. 그렇게 되는 여러 원인 중 가장 큰 요인이 바로 마찰이다. 다시 말해 마찰은 현실을 상징하는 아이콘과도 같다.

마찬가지로 돈의 세계에도 마찰은 어디에나 있다. 물리계에서 마찰력이 에너지를 줄이듯, 돈의 마찰 또한 돈을 줄인다. 이게 윤리적으로 부도덕하거나 잘못됐다고 얘기하는 것은 아니다. 우리가 사는 현실 세계는 물리계든 아니면 돈의 세계든 마찰을 완전히 없앨 수는 없다. 물론 할 수 있는 범위 내에서 줄이려는 노력은 의미가 있다. 이를 완전히 없앤다는 것은 불가능하다. 하지만 적어도 어떤 마찰이 실제로 돈을 깎아 먹을 것인지는 알아야 한다. 그러한 마찰을 인식하지 않고 돈을 안다고 할 수는 없다는 얘기다.

돈의 마찰 중에 가장 먼저 생각나는 것은 수수료다. 금융상품을 거래할 때 수수료는 '반드시' 따라온다. 주식을 사도 수수료를 내야 하고 반대로 주식을 팔아도 수수료를 내야 한다. 그렇게 내가 낸 수수료를 증권회사와 거래소가 나눠 갖는다. 이들이 보다 많은 거래를 부추기려고 하는 이유가 바로 여기에 있다. 이들에게 개인의 돈이 불어나는 것은 2차적인 문제다.

수수료에는 다양한 종류가 존재한다. 가끔 수수료를 면제해준다는 광고나 홍보를 접할 수가 있는데, 잘 확인해보는 것이 좋다. 여러 수수료들 중에 하나만 면제해줄 뿐, 나머지 수수료는 그대로인 경우가 대부분이기 때문이다. 좀 더 질이 나쁜 이들을 만나면, 다른 수수료들을 올려서 사실상 더 받아 가는 경우도 없지 않다. 그렇게 내가 지불한 수수료만큼 내 돈이 줄어들었음을 명심하도록 하자.

펀드 같은 것은 신경 쓸 것이 더 많다. 펀드를 거래할 때는 수수료 외에 보수라는 것도 발생되기 때문이다. 이를 좀 더 구체적으로 살펴보자. 일반적인 펀드의 경우, 판매 수수료라는 이름으로 내가 낸 돈의 1퍼센트가량을 우선 가져간다. 내가 100이라는 돈으로 펀드에 들겠다고 하는 순간 99로 줄어든다는 뜻이다.

그렇게 남은 99의 돈으로 펀드에 있는 자산을 갖게 되는데, 이 돈에서 매일 떼 가는 보수의 종류만 운용 보수, 판매 보수, 수탁 보수, 사무 보수, 평가 보수 등 보통 다섯 가지다. 이 다섯 가지의 보수를 합친 총보수가 대략 1년에 1.5퍼센트에서 2퍼센트 사이에 이른다. 여기에 더해, 경우에 따라서는 후취 수수료라는 이름으로 또 돈을 떼 갈 수도 있고, 몇 달 이내에 펀드를 되팔면 환매 수수료라 하여 또 떼 간다. 가만히 있어도 돈을 떼 가고, 움찔해도 돈을 떼 가는 것이다.

보수의 본질은 수수료와 전적으로 같다. 그만큼 내 돈이 줄어드는 원인이다. 다른 단어로 표현했다고 돈의 마찰이라는 본질이 달라지지는 않는다. 예를 들어, 위 펀드의 자산이 1년 동안 4퍼센트의 수익률을 달성했다고 치자. 그렇지만 총보수가 후취 2퍼센트인 경우, 최종적인 내 수익률은 0.9퍼센트다. 선취 수수료로 떼고 나면 돈이 99로 줄고, 거기에 1.04를 곱한 다음 다시 2퍼센트의 보수를 후취로 차감하면 그런 결과가 나온다. 펀드를 운용하는 금융회사야 펀드

수익률이 좋다고 광고하겠지만, 막상 내 손에 쥐어지는 돈은 은행 예금만도 못하다.

돈의 거래에는 위에 보이는 수수료나 보수 이외에 보이지 않는 광의의 마찰도 개입된다. 가장 대표적인 것이 이른바 비드-오퍼 스프레드Bid-Offer Spread다. 비드-오퍼 스프레드란 팔 수 있는 가격과 살 수 있는 가격 사이에 존재하는 차이다. 예를 들어보자. 무슨 이유에서건 간에 여러분이 미국 달러의 가격은 오르고 한국 원화의 가격은 떨어진다고 생각해서 갖고 있던 돈 1,000만 원을 현재 환율 1,150원에 바꾸려고 했다고 하자. 그런데 막상 은행에 가보니 1,150원에 달러를 살 수는 없고 그보다 높은 1,152원에만 살 수 있다.

울며 겨자 먹기로 1,152원에 사고 나니 막상 기분이 찜찜하다. 그래서 다시 되팔겠다고 하니 이번에는 1,148원에 팔 수 있다고 한다. 그 잠깐 사이에 환율은 1,150원에서 단 1원도 움직이지 않았지만, 그렇게 두 번 거래하고 나니 내 돈 1,000만 원은 996만 5,000원으로 쪼그라들었다. 이유는 기준가격으로 거래할 수 없고 항상 그보다 높은 가격으로 사거나 혹은 그보다 낮은 가격으로 팔 수밖에 없도록 모든 시장이 운영되기 때문이다. 명시적으로 은행에 지불한 수수료는 아니지만 내 입장에서는 결과적으로 수수료와 다를 바 없다.

수수료나 보수를 마찰의 대표적 예로 들었지만, 사실 돈의 마찰 중에 가장 중요한 것은 따로 있다. 바로 세금이다. 예를 들어보자. 월급을 받으면 근로소득세를 낸다. 사업을 해서 돈을 벌면 이번엔 법인세를 낸다. 부동산을 팔아서 돈을 벌면 양도소득세를 내고, 이자를 받으면 이자소득세, 배당을 받으면 배당세, 그런 금액들이 좀 된다 싶으면 종합소득세를 낸다. 주식도 매도하면 0.15퍼센트의 증권거래세와 0.15퍼센트의 농어촌특별세를 낸다. 보유 중인 주식을 판 것이 농어촌과 무슨 관련이 있는 건지 알기는 어렵지만 아무튼 내야 한다.

소득이 아닌 재산에 대해서도 세금이 있다. 재산세와 종합부동산세가 대표적이다. 부동산이나 자동차 같은 새로운 재산이 생기면 등록세와 취득세를 받아 간다. 한마디로 다음과 같이 요약할 수 있겠다. "돈 있는 곳에 세금 있다."

앞에서 명시적인 수수료는 아니지만 사실상 수수료와 다름없는 것들이 있었던 것처럼, 세금이라고 불리지는 않지만 사실상 세금과 같은 것들도 있다. 월급쟁이 입장에서 보면, 국민연금, 건강보험, 고용보험, 장기요양보험의 4대 보험이 대표적인 세금적 성격의 마찰이다. 물론 이들 4대 보험에 대한 지출은 직간접적으로 그 이상의 혜택을 누리는 경우가 많기 때문에 뭐라 할 것은 못 된다. 다만 돈을 버는 관점에서 보자면 어쨌거나 일부 소실되는, 즉 반드시 내야만

하는 돈이기 때문에 마찰은 마찰이다. 연봉이 얼마라고 해서 그 돈이 실제로 내 손에 들어오는 것이 아니라는 것이다.

흥미로운 사실이 하나 있다. 보통의 직장인들이 연봉 얘기를 할 때 보면, 세금을 내기 전의 계약서상의 총액을 대부분 언급한다. 그게 남들 듣기에 조금 낮다 싶은 경우, 묻지도 않은 각종 수당까지 더해서 얘기하는 경향이 있다. 반면 로펌 변호사들의 연봉은 왜인지는 알 수 없으나 항상 애프터 택스, 즉 세금을 차감하고 실제로 수령하는 돈을 기준으로 얘기된다. 그래서 같은 숫자를 얘기해도 실제로 같은 돈이 아니다. 돈의 네 번째 좌표가 마찰이라는 의미는 이런 것들을 다 제하고 실제로 내 수중에 남는 돈이 진짜 내 돈이라는 뜻이다. 세전 수입을 얘기하는 것은 부질없는 부풀리기다.

또 하나 흥미로운 사실이 있다. 학교에서 재무론을 한다는 이들은 돈에 대해 얘기할 때 수수료나 세금 같은 실제로 존재하는 돈의 마찰에 대해 얘기하기 싫어한다. "그건 이상적인 세계에서는 중요하지 않은 사항입니다"가 그들의 일반적인 반응이다. 돈이 많은 부자들이 가장 크게 신경 쓰는 사항 중의 하나가 마찰이라는 사실을 알려줘도 어깨 한번 으쓱하고 말 뿐이다. 그들이 만들어낸 이론과 법칙들이 실제 세상에서 무용지물에 가까운 것은 그래서 별로 놀랄 일이 못 된다.

절대적 관점과 상대적 관점 그리고 비교적 관점

돈의 상대성을 설명하기에 앞서, 아인슈타인에 관한 실제 일화 하나를 소개하도록 하자. 그의 분신과도 같은 상대성이론을 학생들에게 강의하던 중 한 학생이 손을 들었다. 상대성의 개념이 너무 어려우니 문외한도 이해할 수 있을 정도로 쉽게 설명해달라는 것이었다. 아인슈타인은 코를 한 번 찡긋하더니 입을 열었다.

"내가 뜨거운 난로 위에 3분 동안 앉아 있다고 합시다. 아마도 그 짧은 시간이 내게는 30분처럼 느껴질 겁니다. 반면 내가 사랑하는 연인의 무릎 위에 30분 동안 앉아 있었다고 해봅시다. 그때는 아마 3분밖에 안 지난 것처럼 느껴질 겁니다. 상대성이란 이런 것입니다."

위의 일화에서 볼 수 있듯 상대성이라는 개념은 결코 이해하기 어려운 개념이 아니다. 세상에는 하나의 절대적인 기준이 있지 않고, 사람마다 제각각의 기준이 있을 수 있다는 의미다. 아인슈타인의 상대성이론을 모든 사람이 이해할 필요는 없지만, 적어도 보편적인 상대성의 개념만큼은 알 필요가 있다.

아인슈타인이 상대성이론을 들고 나오기 전에는 세상에 오직 하나의 물리 이론만이 존재했었다. 뉴턴의 절대적 역학이었다. 원점도 하나, 좌표계도 하나, 물리 법칙도 하나였다. 다른 가능성은 존재하지 않았다. 이는 전제군주와 귀족들로 구성된 신분제와 잘 어울리는 세계관이었다. 그들의 시선으로 세상을 바라볼 것을 강요당했다.

상대성이론은 그러한 억압을 넘어선 이론이다. 기차 안에서 창밖을 내다볼 때, 내가 탄 기차가 움직이기 시작한 것인지 아니면 내가 탄 기차는 가만히 있는데 옆의 기차가 움직이기 시작한 것인지 헷갈리는 경험을 해본 적이 있을 것이다. 물론 주위를 좀 더 둘러보면 내가 탄 기차가 움직이는지 아닌지를 판단할 수 있다. 하지만 이조차도 관점을 좀 더 확장하면, 지구는 가만히 있는데 내가 탄 기차가 움직이는 것인지, 반대로 내가 탄 기차는 가만히 있는데 지구가 움직이는 것인지 얘기하기가 쉽지 않다.

상대성에 관한 사례로 장자의 호접몽도 빠질 수 없다. 장자가 꿈에 나비가 되었는데 너무도 생생하여 스스로 나비로 느꼈다. 그런데 잠을 깨고 보니 이번에는 스스로가 틀림없는 사람으로 느껴졌다. 그렇다면 인간인 장자가 나비 꿈을 꾼 것인지, 아니면 나비인 장자가 지금 스스로가 인간이라는 꿈을 꾸고 있는 것인지 어떻게 알 수 있 겠느냐는 것이다.

절대적이고 독선적인 관점은 진실과 거리가 멀다. '제 눈에 안경' 이라는 우리 옛 속담은 이를 잘 상징한다. 영어 속담으로 바꿔보자 면, "아름다움은 보는 사람의 눈에 있다"다. 제각기 자신만의 아 름다움에 대한 기준이 있다는 뜻이다. 힘 있는 권력자의 기준이 그 렇지 않은 평범한 사람의 기준보다 더 옳아야 할 이유가 없다는 뜻 이기도 하다. 이렇게 상대성의 관점은 민주주의의 이념과도 맞닿아 있다.

돈에 대해 상대성을 적용할 여지는 없을까? 무조건 돈만 많으면 최고라는 것이 돈의 절대성이라면, 돈의 상대성이론은 "그럴지도 모르지만, 아닐 수도 있어" 하는 유보적 태도를 갖는 것과 같다. 돈 이외에 추구하는 다른 소중함들이 있다면 가능한 일이다. 모든 것을 포기하고 추구할 정도의 가치를 돈에 부여하는 것보다 위험한 것은 없다. 그건 또 다른 형태의 절대 권력에 다름 아니기 때문이다.

돈의 상대성과 혼동하기 쉬운 것으로 돈의 비교적 관점이 있다. 이 둘은 비슷해 보이지만 전혀 다른 의미다. 돈의 상대적 관점이 돈 에 일방적이고 절대적인 의미를 부여하지 않는 다원주의적인 것 이라면, 돈의 비교적 관점은 특정 기준과의 비교를 통해 돈을 바라 보려는 일원주의적인 것이다. 전자에 남의 시선을 의식하지 않는 당당함이 있다면 후자에는 사촌이 땅을 사면 배가 아픈 줏대 없음이 있다.

돈의 많고 적음을 주변과 비교하겠다는 것은 상대성의 이치에 반한다. 돈이 적으면 적은 대로, 또 많으면 많은 대로 항상 자신보다 돈이 더 많은 사람은 있기 마련이다. 거기에 기준을 두고 자신의 처지를 판단한다면 늘 불행하게만 느낄 뿐이다.

약간 성격을 달리하는 돈의 비교적 관점으로, 이자율과 인플레이션의 비교가 있다. 경제학자들의 단골 메뉴인 이것은 금융업자들도 언급하기를 즐긴다. 예금 이자율이 인플레이션에 못 미칠 경우에는 예금이 충분한 수익을 얻고 있지 못하는 상황이므로 보다 공격적인 수익 기회를 찾아야만 한다는 것이 금융업자들의 주장이다. 반대로 이자율이 인플레이션보다 높은 경우에는 돈 자체가 충분한 수익을 얻고 있는 상황이라는 것이다.

사실 인플레이션이라는 용어는 생각하면 생각할수록 묘하다. 우선 왜 번역을 하지 않고 영어 그대로 쓰고 있는지 이해가 잘 안 간다. 대단한 의미인 양 영어로 써놓았지만 그 의미를 찾아보면 결국 물가상승에 다름 아니다. 그냥 물가상승이라고 하면 될 것을 경제학을 한다는 이들은 왜 굳이 인플레이션이라는 용어로 쓰려고 하는지 도무지 납득이 되질 않는다.

물가상승이란 용어는 결코 어색하거나 낯선 용어가 아니다. 주가

84

상승이나 지가상승 혹은 아파트 가격 상승을 생각해보면 그 의미가 자연스럽다. 주가상승이 주식의 가격이 오르는 것을 말하는 것처럼 물가상승은 물건의 가격이 오르는 것을 말한다.

물가상승이라는 용어 대신 인플레이션이라는 외래어를 굳이 고집하는 이유는 무엇일까? 한 가지 원인은 인플레이션 쪽이 물가상승보다 가치중립적으로 들릴 것이라고 생각해서다. 물가상승이라는 말을 듣고 좋아할 사람은 드물다. 반면 인플레이션 그러면 뭔가 피치 못할 일이 벌어진 것 같은 느낌이 든다. 그들이 저지른 잘못을 인플레이션이라는 표면적 현상에 불과한 단어가 다 뒤집어쓰는 것이다.

세상은 결코 일방적이지 않다. 누군가가 손해를 봤다면 누군가는 이익을 보기 마련이다. 물가상승의 경우, 대다수의 사람들은 손해를 보지만 반대로 그로부터 이익을 보는 사람도 있다. 주식회사를 장악하고 있는 자본가들이 대표적이다. 물가상승은 대개 주가상승과 같이 간다. 주가상승도 다르지 않다. 주주들이 이익을 본 만큼, 주주가 아닌 보통 사람들은 손해를 본 셈이다.

인플레이션을 나타내는 좀 더 정확한 용어는 물가상승이기보다는 돈의 가치 하락, 즉 환가하락일 수 있다. 신용을 통해 돈을 만들어내는 과정이 축적될수록 물건과 자산의 가격은 뛰어오르기 마련이다. 그렇다고 그 물건과 자산들이 더 귀해졌느냐 하면 그렇지는 않다. 그냥 모든 것의 가격에 0이 하나씩 계속 늘어나고 있을 따름이다. 다시 말해 돈 자체의 가치가 계속해서 하락하고 있다는 뜻이다. 환가하락이나 물가상승이라고 하면 현상이 좀 더 명확하게 드러난다. 그게 싫은 것이다.

고정된 월급을 받고 있고, 많진 않아도 힘들게 모은 약간의 재산이 있는 중산층의 시각으로 보자면 환가하락은 분하고 물가상승도 기분 나쁘다. 월급이 갑자기 늘 리 없는데 물가가 오르면 생활이 팍팍해진다. 또 돈의 가치가 떨어질수록 은행에 맡겨놓은 예금이 점점 푼돈으로 변한다. 멀쩡히 눈을 뜬 상태로 코를 베이는 것과 같다.

중산층에게는 그 반대의 상황이 반갑다. 물가하락과 환가상승의 경우다. 물가가 떨어지니 생활하는 데 좀 여유가 생기고, 돈의 가치가 올라가니 재산의 가치도 덩달아 오른다. 물가가 떨어지진 않더라도 적어도 오르지만 않는다면 그것도 마다할 이유는 없다. 하지만 이 모든 것이 그들에게는 터부다.

돈의 상대적 관점과 절대적 관점을 음악에 빗대 이해할 수도 있다. 인접한 두 반음 사이의 높낮이 비율이 $2^{(1/12)}$로 균일한 평균율은 일종의 절대적 관점을 나타낸다. 평균율에서는 도와 도 샵 사이, 그리고 미와 파 사이에 아무런 차이가 없다. 오직 하나의 기준, 하나의 원칙만 있을 뿐이다.

한편 평균율과 대비되는 것에 순정률이라는 것이 있다. 순정률은 각 음 사이의 높낮이 비율을 간단한 정수 비로 나타낸 경우로 상대적 관점에 해당한다. 이를테면 도와 미 사이는 5 대 4가 되도록 맞추고, 도와 파 사이는 4 대 3이 되도록 맞추는 것이다. 이렇게 해놓으면, 위에서 예로 든 도와 도 샵 사이, 그리고 미와 파 사이의 높낮이 비율이 서로 달라질 수밖에 없다. 하지만 정수의 비로 음간의 관계가 형성되기 때문에 들어보면 보다 조화로운 화음이 발생된다. 상대성은 음정에서도 그 진가를 발휘한다.

보통 요한 세바스티안 바흐가 작곡한 〈평균율 클라비어 곡집〉을 통해 평균율이라는 말을 접하기 쉽다. 사실 이는 잘못된 번역이다. 원래 바흐는 위 작품을 평균율과 전혀 다른 가온정률이라는 조율법에 기반한 클라비어곡이라고 이름 지었다. 그게 왜 우리나라에서 평균율로 둔갑했는지 귀신이 곡할 노릇이다.

돈을 버는 법

3장

기본적인 돈 버는 수단을
확보하는 것이 출발점

일반인들이 괴로워하는 돈 문제는 대개 두 가지 양상을 띤다. 투자한답시고 나섰다가 반 토막 혹은 그 이상의 손실을 입는 경우가 하나라면, 지출이 수입을 초과해서 계속 적자 상태가 누적되는 것이 다른 하나다. 전자에 대해서는 뒤의 4장에서 살펴볼 테니 우선 넘어가고, 여기서는 후자에 대해 잠시 생각해보자.

앞에서 욕조의 물을 빌려 잠깐 얘기했지만 버는 돈보다 쓰는 돈이 많은 한, 결론은 하나다. 파산하는 것이다. 파산이란 별 게 아니다. 갖고 있는 돈이 다 떨어지거나, 혹은 내 돈보다 빌린 돈이 더 많아서 모든 걸 내놓아도 갚을 돈이 여전히 남아 있는 상태를 말한다.

옛날에는 일정 수준 이상의 돈이 있는 사람만 정치적 권리를 누렸다. 다시 말해 파산한 사람은 자동으로 노예 신분으로 전락했다.

대표적인 예가 고대 그리스다. 재산이 어느 정도 되지 않으면 자유시민으로 인정받을 수 없었고, 자유시민이 아니면 선거권이 부여되지 않았다. 돈이 없는 사람에게 선거권이 부여되지 않은 이유가 있다. 독립적이고 건전한 판단을 할 수 없다고 봤기 때문이다.

파산의 큰 이유를 보통 지출을 통제하지 못해서라고 얘기한다. 틀린 얘기는 아니지만, 완전히 맞는 얘기도 아니다. 왜냐하면 지출을 줄이는 데에는 한계가 있기 때문이다. 다시 말해 파산의 이유에는 버는 돈이 신통치 않은 탓도 있다. 그래서 버는 법에 집중해야 한다.

돈을 번다는 것은 '충분한 현금이 꾸준하게 들어오는 상태'를 말한다. 이 상태가 세 가지 단어로 이루어졌음에 주목하자. 첫째가 충분함이요, 둘째가 현금, 셋째가 꾸준하게다. 돈을 버는 법은 이 세 가지 조건이 잘 충족되도록 하는 것에 다름 아니다.

얼마나 많은 돈이 충분한 것이냐는 질문은 하나의 정답이 있기 어려운 질문이다. 대다수의 사람들에게는 엄청난 돈이어도 '그걸로는 부족해' 하고 느끼는 사람이 분명히 있을 것이다. 반대의 상황도 얼마든지 생각해볼 수 있다. 그러니 충분함의 정의는 각자에게 맡기도록 하자. 같은 조건에서라면 많이 벌 수 있는 쪽이 더 유리함은 두말할 나위가 없다.

꾸준하다는 것은 돈이 얼마나 자주 들어오는가에 대한 얘기다. 일반적인 상황이라면 매달 혹은 매일 돈이 들어온다. 미국 같은 곳에서 일한다면 2주에 한 번씩 급여를 받기도 한다. 1년에 한 번 돈을 받는 것도 경우에 따라서 꾸준하다고 봐줄 수는 있지만 그 이상의 간격이라면 아무래도 꾸준하다고 보기는 어렵다.

버는 돈의 꾸준함이 중요한 이유는 나가는 돈이 꾸준하기 때문이다. 최소한의 생존은 물론 그 이상의 생활을 누리려면 돈을 쓰지 않을 수 없다. 써야 하는 돈이 늘 있기 마련이기 때문에 버는 돈도 꾸준하게 들어와야만 한다.

그리고 그게 현금이 들어와야 하는 이유이기도 하다. 즉 쓰는 돈은 항상 현금의 즉각적인 감소를 가져온다. 신용카드 같은 것을 쓰면 괜찮은 것 아니냐고 생각할지도 모르지만, 기껏해야 현금이 나갈 것을 한 달간 늦출 뿐이다. 실제로 망하는 회사의 상당수는 당장 필요한 현금을 갖고 있지 못해서 망한다. 팔면 적지 않은 돈이 될 부동산을 갖고 있거나 얼마 후면 받게 될 큰돈이 있다고 하더라도 당장 지출해야 하는 현금이 모자라면 아무 소용이 없다.

그래서 돈 공부의 시작은 돈 버는 법에 초점을 맞춰야 한다. '시작이 반'이라는 말이 있듯이 돈 버는 법의 중요성은 전체 돈 문제에서 상당한 비중을 갖기 마련이다. 한마디로 요약하자면, 나만의 기본적인 돈 버는 수단을 확보하는 것이 돈 공부의 출발점이다.

그렇다면 기본적인 돈 버는 수단이란 무엇일까? 앞에서도 잠깐 얘기를 했던 건물주를 예로 들어보자. 조물주 위에 있다는 말을 들을 정도로 건물주를 높이 사는 이유는 건물주가 탄탄한 돈 버는 수단을 확보하고 있기 때문이다. 바로 건물주가 소유한 건물이다.

건물은 부동산의 대표적인 형태다. 부동산이라는 말은 글자 그대로 움직일 수 없는 물건을 뜻하는데, 영어의 리얼 에스테이트real estate에 해당한다. 에스테이트가 재산 혹은 유산을 뜻하기에 리얼 에스테이트를 '가짜가 아닌 재산' 혹은 '실제로 존재하는 재산' 등으로 풀기도 하지만 빗나간 이해다. 왜냐하면 여기서의 real은 왕실을 나타내는 스페인어에서 유래되었기 때문이다. 즉 '왕의 재산'이라는 뜻으로, 스페인의 유명 축구팀 '레알 마드리드'의 바로 그 레알이다.

많은 재테크 책이 건물주가 되는 것을 궁극적인 목표인 양 얘기하듯이 실제로 건물은 가질 수만 있다면 마다할 이유가 없는 괜찮은 돈 버는 수단이다. 다른 돈 버는 활동에 비해 품이 많이 가지 않고 꽤 안정적으로 매달 현금을 받을 수 있기 때문이다. 건물의 임대료는 글자 그대로 '고정 수입fixed income'의 대표적인 예다.

말하자면 '돈 버는 수단'이란 꾸준한 현금을 벌어들이기 위한 방법 혹은 수단을 가리킨다. 이를 생산수단이라는 말로 이해를 해도 무방하겠다. 건물을 비롯해 월세를 놓을 수 있는 아파트나 상가도 돈 버는 수단이 될 수 있고, 1인 기업 수준의 치킨집부터 수만 명의 직원을 거느린 기업까지 다양한 크기와 형태의 회사도 당연히 해당되며, 그 외에 현금이 꾸준하게 발생되는 특허권이나 저작권 등도 여기서 얘기하는 생산수단에 속한다고 말할 수 있다.

그러한 관점에서 보자면, 안정적인 현금 흐름이 발생되지 않는 자산은 돈이 아닌 것은 아니지만 그렇게 좋은 돈은 아니다. "지금 사두면 조만간 가격이 오를 거래!" 하는 말이 나오는 것들은 대개 이 부류에 속하기 쉽다. 대표적으로 금 같은 귀금속, 다이아몬드를 비롯한 각종 보석류, 그림 등의 예술품 그리고 임대료가 발생되지 않는 땅 등이 그 예다.

물론 얘기 들은 대로 가격이 실제로 오르는 경우도 없지는 않다. 위의 예들은 대부분 공급은 제한적인 반면 수요는 투기적인 경우가 일반적이다. 이 두 가지가 만나면 가격은 완전히 예측불허다. 합리적으로 설명할 수 없는 수준까지 가격이 뛰는 것은 이런 부류에게 지극히 정상적인 일이다.

문제는 이런 자산의 가격이 언제 떨지 아무도 미리 알 수 없다는 점이다. 엄청난 땅 부자이긴 한데 당장 끼니를 해결할 돈이 없어서 쩔쩔맨다는 얘기가 괜히 있는 것이 아니다. 그리고 막상 팔아서 돈으로 바꾸려고 하면 생각보다 쉽지 않다. 종이 상으로는 가격이 올랐다고 하는데 막상 사겠다는 사람이 나타나지 않는다면 빛 좋은 개살구에 불과하다.

이를 달리 표현하자면, 이른바 '재테크'나 '투자'를 통해 부자가 된다는 발상은 신기루에 가깝다는 것이다. 물론 무일푼으로 시작하여 투기적 거래에 성공해서 부자가 된 사람이 없다는 뜻은 결코 아니다. 그런 사람도 있기는 있다. 하지만 솔직히 얘기해서 극히 소수다. 그 몇 안 되는 경우를 놓고, 그게 전체인 양, 그게 제일 중요한 것인 양 호들갑을 떠는 자들에게 현혹되어서는 안 된다. 돈에서 제일 중요한 것은 다시 한 번 강조하지만 기본적인 생산수단의 확보다. 이게 해결되지 않은 돈은 언젠가는 무너질 사상누각에 불과하다.

코끼리와 벼룩:
학교, 직업, 직장의 선택

　앞에서 언급한 생산수단을 소유하고 있지 못한 경우 개인이 의지할 수 있는 최후의 보루는 바로 노동이다. 쉽게 말해 자신의 몸과 정신과 시간을 회사에 팔기로 하고 그 반대급부로서 월급을 받는 것이다. 대다수의 사람들은 별다른 생산수단을 소유하지 못한 탓에 오직 노동에만 의존하여 돈을 번다.

　이게 꼭 잘못되었다고 얘기할 수는 물론 없다. 출생 시점부터 유효한 생산수단을 갖고 태어났느냐는 오직 운의 소관일 뿐, 한 개인이 어떻게 할 수 있는 부분이 아니다. 이 경우, 노동을 통해 돈을 버는 것 외에 다른 선택지는 없다.

　노동도 어떤 노동이냐에 따라 꽤 다르다. 같은 대학, 같은 과를 졸업했다고 해서 20년이 지난 후 모두가 비슷한 삶을 살고 있느냐 하면 결코 그렇지 않다. 평범한 삶을 사는 경우, 몰라보게 성공한 경우, 또는 몰락해서 아예 연락이 끊긴 경우 등 다양하기 그지없다. 유일한 생산수단인 자신의 노동을 잘 활용해서 탄탄한 돈의 기반을 마련한 경우는 실제로 쌔고 넘친다. 그러므로 몸뚱어리밖에 가진 게 없다고 한탄만 해서는 곤란하다.

한편 한 사람의 일생을 놓고 보면 노동만이 돈을 벌 수 있는 유일한 수단이라고 지레 포기할 필요는 없다. 한 가지보다는 두 가지, 두 가지보다는 세 가지의 돈 버는 수단을 소유하는 것이 더 나은 것은 분명하다. 월급을 받는 직원의 상태는 아무리 길어도 30년을 넘을 수가 없다. 환갑도 되기 전에 저세상으로 뜰 것이 아니라면 더 이상 노동을 팔 수 없는 때가 오는 것은 정해진 진리다. 그때를 염두에 두고 노동 이외의 생산수단을 마련하기 위한 준비나 노력을 등한시해서는 안 된다.

찰스 핸디는 그의 저서 『코끼리와 벼룩』에서 현대 자본주의 사회가 심화될수록 코끼리와 벼룩으로 양극화될 것이라고 지적했다. 핸디는 석유회사 셸에서 9년간 근무하고 런던비즈니스스쿨의 교수로 있다가 박차고 나와 주옥같은 책들을 쓰고 있는 사람이다. 개인적으로 나는 그처럼 글을 쓸 수 있게 되기를 소망한다.

핸디에 따르면, 코끼리는 거대한 조직을 상징하고 벼룩은 커다란 조직에 소속되지 않은 개인을 뜻한다. 코끼리에 해당되는 곳으로 대기업이나 정부 조직을 떠올리면 크게 틀리지 않는다. 이런 곳은 많은 사람이 부러워하는 직장으로 직업적 안정성을 제공해주는 것처럼 보인다. 자본주의 체제의 학교교육은 이러한 직장에 들어가는 것을 궁극적인 목표인 양 생각하도록 만든다. 마치 그걸로 모든 문제가 해결이라도 되는 것처럼 말이다.

이런 곳을 한마디로 정의하라면 '저질 관료제'가 조직의 작동 원리인 곳이라고 말할 수 있다. 저질 관료제란 별 게 아니다. 철저한 내부적 계급 혹은 위계가 존재하고, 피라미드 형태로 구성되어 한정된 지위를 놓고 치열한 내부 경쟁을 벌이며, 그렇기 때문에 위에서 시키면 시키는 대로 할 수밖에 없는 제도가 관료제다. 시쳇말로 "까라면 까, 이 XX야!"가 저질 관료제의 모토다.

방금 얘기한 대로라면, 군대가 저질 관료제의 궁극일 것 같다. 그런데 '상명하복'이라는, 위에서 명령하면 아래는 무조건 복종한다는 것을 군대식 문화라고 보통 이해하지만 이는 사실이 아니다. 서구의 군대는 명령한다고 무조건 복종하지 않는다. 그들은 명령이 합리적이어야만 따른다. 잘 싸우는 걸로 둘째가라면 서러운 이스라엘군은 심지어 부대 지휘관이 신통치 않다 싶으면 사병들끼리 모여서 지휘관을 다시 뽑는다.

좀 더 정확히 말하자면, 까라면 까는 것은 군대식 문화가 아니라 일본군의 잔재다. 제국주의 시절의 이른바 '황군'은 러일전쟁 당시 자신들보다 강한 상대인 러시아를 상대로 일전을 치르면서 어려움이 적지 않았다. 원래 무식했던 그들은 "천황의 명령이라면 무조건 따라야 한다"는 식의 전근대적이고 무비판적인 태도를 강화하는 쪽으로 방향을 잡았다. 자원이나 병력을 보강하는 합리적인 대안 대신 '정신력' 하나면 모든 것을 극복할 수 있다는 식의 무모하기 그지없는 문화를 강요했고, 그 결과 아무 때고 '만세 돌격'과 '옥쇄'를 감행했던 것이다. 이런 것을 두고 "원래 군대 문화란 건 그런 거야!" 하고 미화시키는 것처럼 슬프고 미련한 일은 없다.

핸디가 일본군의 잔재를 알았을 리는 만무하지만 관료제 전반의 문제점에 대해서는 정확히 알고 있었다. 바로 조직의 일원인 개인이 독립적인 생각과 삶을 누릴 수 없다는 점이다. 관료제는 조직의 의사에 반하는 개인을 그대로 내버려두지 않고 제거해버린다. 빈자리를 채울 수 있는 많은 다른 후보자가 있기 때문이다. 즉 코끼리가 제공해주는 풍족함을 누리려면 그의 노예가 될 것을 서약하지 않을 수 없다. 다시 말해 한 개인이 관료제의 일원이 되면 자신의 영혼을 있는 그대로 지키기가 어렵다.

평균수명이 60세도 못 미치던 시절에 코끼리의 조직원으로 사는 것은 충분히 설득력 있는 선택지가 될 수 있었다. 그런데 더 이상은 그렇지가 못하다는 게 크나큰 문제다. 최근의 평균수명은 80세를 넘어섰고 현재의 추세대로라면 100세 시대가 괜한 과장이 아니다. 하지만 조직은 이제 더 이상 조직원들을 평생토록 책임질 의향도 또 여력도 없다. 한 직장에 충성해 일생을 도모한다는 생각은 이제 비현실적인 한낱 꿈일 뿐이다.

그렇다면 우리는 직업과 노동을 어떻게 바라봐야 할까? 하나의 직장을 궁극적인 해결책으로 여기기보다는 자신의 능력을 키우면서 동시에 자신만의 고유한 생산수단 확보에 필요한 돈과 시간을 버는 곳으로 여겨야 한다. 전공과 직업을 선택할 때도 마찬가지다. 남들이 좋다고 하니 따라 한다는 식의 어설픈 생각은 위태롭기 짝이 없다. 그보다는 이걸 택하면 내가 갖고자 하는 생산수단의 확보에 어떻게 도움이 될 수 있을지를 따져보아야 한다. 그게 언젠간 코끼리에서 떨어져 나와 벼룩의 삶을 살아야 할 대다수의 사람들에게 필요한 자세다.

자본주의 시스템이 심화될수록 코끼리와 벼룩으로의 양극화는 더욱 심화될 것이다. 코끼리의 수는 줄지만 대신 각각의 코끼리의 덩치는 더욱 커질 것이고, 코끼리로부터 밀려난 벼룩의 수는 늘어만 갈 것이다. 게다가 코끼리와 벼룩 사이의 여우, 토끼, 고양이가 설 자리는 좁아지기만 할 뿐이다. 자본은 규모를 키워 세계에 대한 지배와 장악을 더욱 공고히 하려 할 테고, 그러한 메가 코끼리에 맞서 버텨내기란 참으로 지난한 일이기 때문이다.

따라서 벼룩에게 필요한 것은 어느 학교, 어느 과를 나왔느냐가 아니라 무엇을 할 수 있는가다. 구시대적인 지식을 비효율적인 방식으로 전달하는 공식적인 학교교육은 코끼리로부터 선발되는 데에는 도움이 될지 몰라도 벼룩으로 홀로 서는 데에는 별로 큰 도움이 되지 못한다. 앞으로 20년 내에 인공지능이 거의 모든 직업을 대신할 수 있으리라는 작금의 추세대로라면 더욱 그렇다.

그런 점에서, 미술사를 공부하고 그와 전혀 무관한 수입차 부속 업체 직원으로 지내다 지금은 국내에서 가장 많은 저작권료를 벌고 있는 작사가 김이나의 예는 하나의 영감이 되고도 남음이 있다. 벼룩도 벼룩 나름이다. 어차피 벼룩이 되는 것을 피할 수 없다면 가능한 한 튼튼하고 쉽게 짓밟히지 않을 벼룩이 될 일이다. 직접 비유하기는 좀 징그럽지만, 핵폭탄이 터져도 살아남는다는 강인한 바퀴벌레와 같은 그런 벼룩이 되어야 한다.

평균의 오류:
평균은 언제나 당신을 기만한다

이제 앞에서 정의한 돈의 네 가지 좌표 관점으로 돈 버는 법을 바라보도록 하자. 첫 번째 대상은 물론 말할 것도 없이 돈 버는 법의 수량, 즉 연 수입 혹은 연봉 얘기다.

학과나 직업 그리고 직장을 정할 때, 가장 많이 신경 쓰는 부분이 바로 연봉이다. 무슨 과를 나오면 어떤 직업을 가질 수 있고 그러면 대략 어느 정도의 연봉을 받게 되리라는 것을 사람들은 머릿속에 꿰고 있다. '-사'로 끝나는 전문직들이 제일 위에 위치하고 그다음에 이를테면 대기업 직원들이 오고 하는 등의 연봉에 대한 서열이 존재하는 것이다. 업종별로도 연봉이 높은 곳과 그렇지 못한 곳에 대한 암묵적인 공감대가 있다.

구체적인 데이터로 얘기해보자. 2016년 3월에 발표된 한 조사결과에 따르면, 대기업의 대졸 신입사원 평균 연봉은 3,893만 원인 반면 공기업은 3,288만 원, 외국계 기업은 3,277만 원 그리고 중소기업은 2,455만 원으로 나타났다.

위와 같은 기사를 접하면 무슨 생각이 드는가? '아, 역시 대기업의 신입사원 연봉이 제일 높네. 공기업과 외국계 기업은 비슷하고, 중소기업은 아무래도 연봉이 낮군' 하고 생각하기 마련이다. 아직 취직을 준비 중인 사람이라면, '갈 수 있으면 대기업을 가야 해. 중소기업은 연봉이 1,000만 원 이상 차이 나니 지원할 필요도 없어' 하는 생각을 했을 법하다. 그런데 이게 맞는 생각일까?

이번에는 조금 다른 데이터를 보도록 하자. 대기업 대졸 신입사원 평균 연봉을 업종별로 분류한 결과다. 건설, IT정보통신 및 전기전자 그리고 기타 서비스 중 평균 연봉이 제일 높은 곳은 어딜까? 짐작하건대 아마도 대부분의 독자들은 IT-전기전자를 고르거나 아니면 기타 서비스를 골랐을 것 같다. IT업종은 원래 돈 잘 버는 업종인 데다가 제조업의 시대는 가고 서비스업에 미래가 있다는 경제학자들의 주장을 한두 번쯤은 들어보았을 테니까.

하지만 그 대답은 안타깝게도 정답이 아니다. 세 업종 중 대졸 신입사원의 평균 연봉이 가장 높은 곳은 4,167만 원인 건설 쪽이다. 그다음이 3,951만 원의 IT-전기전자 그리고 기타 서비스는 3,486만 원으로 제일 낮다. 사실 11개 업종으로 분류한 이 조사에서 기타 서비스는 제일 낮은 평균 연봉을 보였고, 또 다른 서비스업인 식음료 외식은 3,608만 원으로 밑에서 세 번째였다.

그러면 제일 높았던 곳은 어딜까? 이 또한 놀랍게도 4,289만 원으로 조사된 자동차운수업종이다. 이는 금융업종의 4,225만 원보다도 많은 연봉이다. 전통적으로 연봉이 괜찮다고 소문나 있는 석유화학업종은 3,925만 원으로 위에서 여섯 번째, 즉 딱 중간에 그쳤고, 왠지 전기전자업종보다 낮을 것 같은 기계철강업종은 3,981만 원으로 전기전자업종보다 많았다.

이제 위의 데이터를 갖고 얘기해보자. 자동차운수업이 금융업보다 연봉이 높으니 가능하면 자동차운수업을 택해야 하고, 또 금융업이 IT-전기전자업보다 높으니 금융업을 택해야 한다고 얘기할 수 있을까? 이런 유의 얘기들을 흔히 듣곤 하는데, 뭔가 꺼림칙하다는 생각이 들지는 않는지?

위와 같은 얘기의 가장 큰 오류는 평균 연봉을 내가 받을 수 있는 연봉으로 착각했다는 점이다. 잘 읽어보면 그냥 연봉이라고 하지 않고 꼬박꼬박 평균 연봉이라고 했다는 것을 확인할 수 있다. 평균 연봉은 결코 내가 받을 수 있는 연봉이 아니다. 이 사실을 절대로 명심해야 한다. 다음 문구를 큰 종이에 써서 책상 앞에 붙여놓아도 좋다. '평균은 언제나 나를 기만한다!'

왜 평균 연봉이 내가 받을 수 있는 연봉이 아닌 걸까? 다음과 같은 상황을 생각해보자. 여러분이 대학 때 같은 과 학생이 100명이었다고 하자. 그 100명의 평균 키를 구해보니 172센티미터가 나왔다고 하자. 한편 다른 과 학생 80명의 평균 키를 구했더니 174센티미터였다. 그러면 여러분의 키가 다른 과 학생보다 작다고 할 수 있을까? 그럴 수 없다. 평균은 평균일 뿐이고 여러분의 키는 172센티미터가 아닐 가능성이 매우 크다. 이게 이해가 됐다면 키를 연봉으로 바꾸어보라. 무슨 말인지 이제 이해가 되리라.

우리는 평균에 필요 이상의 지나친 의미를 부여하는 경향이 있다. 평균 연봉을 구하는 것은 데이터만 확보돼 있으면 일도 아니다. 그냥 다 더한 뒤 사람 수로 나누면 된다. 하지만 평균은 평균이 의미를 갖는 상황에서만 가치가 있을 뿐, 그렇지 않은 상황에 무턱대고 쓰다간 엉뚱한 결론을 내리게 만드는 문제아 중의 문제다. 그리고 평균이 실제로 의미를 갖는 경우는 생각보다 그렇게 많지 않다.

다음의 예를 보자. A 업종의 평균 연봉은 3,800만 원이고 B 업종의 평균 연봉은 3,000만 원이다. 위 숫자를 비교한 뒤 A 업종을 택했다. 그런데 알고 보니, A 업종에는 연봉 2,000만 원인 회사가 아홉 곳이고 연봉 2억 원인 회사 한 곳이 있었던 것이다. 반면 B 업종은 2,900만 원에서 3,100만 원 사이의 연봉을 주는 회사들이 분포해 있었다. 열에 아홉의 경우, A 업종을 택한 사람은 B 업종을 택한 사람보다 결과적으로 한참 모자라는 연봉을 받게 된다.

바로 위의 예가 극단적인 상황으로 느껴질 수도 있겠지만, 앞에서 자동차운수업종이 1위를 차지했던 것도 비슷한 상황이었다. 운수업이라고 하면 사실 간단히 말해 버스회사, 택시회사다. 이 회사들의 대졸 신입연봉이 위의 평균에 가까울 것 같지는 않다. 반면 왜 그렇게 분류했는지는 모르겠지만 대졸 신입연봉이 6,100만 원에 달하는 자동차회사인 현대자동차가 여기에 포함되는 바람에 위와 같은 결과가 나왔던 것이다.

평균이라는 단어를 만나면 다음의 두 가지를 반드시 명심하면 좋겠다. 하나는 평균이 아닌 중간값이 어떻게 되는지 물어보는 것이고, 다른 하나는 범위, 즉 최대값과 최소값을 확인해보는 것이다. 후자는 다음 절에서 살펴보기로 하고 여기서는 전자에 대해서 알아보자.

중간값 혹은 중앙값은 크기순으로 한 줄로 세웠을 때 정 가운데에 위치하는 값을 말한다. 99명의 사람이 있다면 위로부터도 50번째, 밑으로부터도 50번째에 있는 사람의 연봉이 전체 연봉의 중간값이다. 연봉의 분포가 얌전하고 좌우대칭이라면 평균을 구하든 중간값을 구하든 전혀 상관이 없다. 왜냐하면 같은 값이 나올 것이기 때문이다. 하지만 연봉의 분포는 결코 그렇지 않다. 연봉은 돈이 관련된 다른 모든 것과 마찬가지로 매우 위쪽으로 편향된 분포를 보인다.

구체적인 예를 들어보자. 우리나라 월급쟁이의 평균 연봉은 얼마나 될까? 2015년도 자료에 따르면 3,281만 원이었다. 위에서 예로 든 대기업 대졸신입 평균 연봉보다도 낮다. 그것은 중소기업을 포함해서 각종 비영리단체까지 총망라된 것이기에 그럴 수 있다. '그거밖에 안 돼?' 하고 생각한 사람도 있을 것이고, 반대로 '그래도 나보다는 많네' 하고 생각한 사람도 있을 것이다.

누가 더 많을까? 평균 연봉이 일반적인 직장인들이 받을 수 있는 연봉을 잘 나타내는 공평한 지표라면 '나보다 적네' 하고 생각한 사람과 '나보다 많네' 하고 생각한 사람의 수는 대략 같아야 한다. 그런데 같은 해 연봉의 중앙값은 2,465만 원이다. 평균 연봉의 4분의 3가량에 지나지 않는다. 다시 말해 평균 연봉은 결코 '평균적인 사람'이 받는 연봉이 아니라는 것이다. 보통의 '평균적인 사람'이 궁금해하는 연봉은 평균 연봉이기보다는 연봉의 중앙값이기 마련이다. 이쪽이 좀 더 일반적인 사람들의 연봉에 가깝기 때문이다.

평균의 오류는 비단 월급쟁이만의 문제는 아니다. 돈을 들쭉날쭉 벌기 쉬운 사업자들도 평균에 속는 경우가 많다. 매년 사업계획을 세워보지만 맞는 경우란 아예 없다고 봐도 틀리지 않는다.

가령 개당 만 원의 이익을 남길 수 있는 음식을 한 달에 평균 만 그릇 팔 수 있다고 예상하여 그에 맞는 주방설비를 갖췄다고 할 때, 매달 이익의 평균은 얼마일까? 만 곱하기 만 하여 1억 원이라고 대답하기 쉽다. 하지만 단언컨대 그런 일은 없다. 실제 발생되는 이익의 평균은 예상 평균 이익보다 항상 낮기 마련이다. 왜냐하면 만 그릇보다 덜 팔리면 이익이 1억 원보다 작아지는 반면 주방의 제약으로 만 그릇보다 더 팔 방법은 없기 때문이다.

많이 버는 것보다
오래 버는 시스템을 만든다

 돈 버는 법에서 돈의 첫 번째 좌표인 수량을 살펴보았으니 이번에는 두 번째 좌표, 시간을 고려해보도록 하자.

 하나의 영감을 얻을 수 있는 사례로서, 다음의 두 가지 선택지가 있다고 하자. 전자는 한 번에 12억 원이 생기는 것이고, 후자는 매달 20년 동안 500만 원씩 받는 것이다. 어느 쪽이 더 나을까? 조금만 계산해보면 알 수 있겠지만, 앞의 두 경우는 그 총액이 같다. 매달 500만 원씩 받으면 1년에 6,000만 원이 되고, 그렇게 스무 번 받으면 전부 12억 원이 되기 때문이다. 즉 산술적인 총액의 개념으로 보자면 둘은 동등하다.

 재무를 조금 배운 사람이라면 거의 기계적으로 둘은 동등하지 않고 12억 원이 낫다고 얘기하기 쉽다. 하지만 그렇게 간단한 문제가 아니다. 12억 원을 받는 시점이 언제냐도 중요하고, 또 그렇게 받은

12억 원으로 무엇을 할 수 있느냐도 따져보아야 한다. 요즘처럼 예금 이자율이 0퍼센트에 가까운 상황이라면 무조건 당장의 12억 원이 더 낫다고 보기 어렵다. 게다가 견물생심이라고, 12억 원을 한꺼번에 갖고 있으면 아무래도 허튼 곳에 쓰기 쉽다.

그런 상황은 비정상적이고 보통은 이자율이 어느 정도는 된다고 얘기하는 사람이 분명히 있을 것 같다. 그러나 일본의 경우 그런 상태가 된 지 어언 20년이 넘는다. 이 말에 대해 "일본은 예외고요"라고 얘기하는 사람도 있을 테지만, 자신의 선입관에 맞지 않는 사실이 나올 때마다 무조건 예외로 돌리는 것은 정직한 태도가 못 된다.

말하자면 돈에서 시간이 얽힌 문제는 그렇게 단순한 방식으로 취급할 게 아니라는 것이다. 앞으로 20년 동안 무슨 일이 벌어질지 확실히 예측할 수 있는 사람이 과연 있을까? 할 수 있다고 스스로 주장하는 사람들이 없지는 않겠지만, 시간이라는 심판의 날카로운 잣대를 통과할 수 있는 사람은 사실상 없다고 해도 과언이 아니다.

돈을 단순히 현금의 문제로만 생각하면 자꾸 시야가 흐려지는 경향이 있으니, 이번에는 조금 다른 각도에서 위와 유사한 상황을 생각해보도록 하자. 어떤 디자인의 상업적 성공 여부를 얘기할 때, 1년 동안에 100만 개 정도 팔리는 것과 10년에 걸쳐 매달 1만 개씩 팔리는 것 중에 어느 쪽이 더 성공적이었다고 얘기할 수 있을까? 일반적인 기준으로는 전자에 대해서는 높이 사지만 후자에 대해서는 별로 관심을 두지 않는다. 다시 말해 성공의 기준에서 시간을 누락시키는 경향이 없지 않아 있다는 것이다.

얘기하고자 하는 핵심은, 시간과 결부되지 않은 당장의 돈의 수량만으로는 올바른 판단을 하기 어렵다는 점이다. 앞으로의 시간을 무시한 근시안적인 관점을 취하다 보면 거의 필연적으로 탐욕에 휩싸이기 쉽다. 그러나 돈에 있어서, 특히 돈을 버는 법에 있어서 시간은 너무나 중요한 요소다. 왜냐하면 우리가 살아야 할 긴 인생과 직접적인 관련이 있기 때문이다. 돈을 버는 법에서 많이 버는 것(수량)보다 오래 버는 것(시간)이 더 중요한 이유도 마찬가지다. 많은 돈은 한순간에 사라질 수 있지만, 오래 벌 수 있는 능력이나 생산수단은 그렇지 않다.

사실 알고 보면, 이른바 전문직이 사람들의 선망의 대상인 이유도 여기에 있다. 당장 큰돈을 벌 수 있기 때문이 아니라, 오래오래 할 수 있기 때문이다. 그런데 여기서 한 가지 곧잘 착각하는 사항이 있다. 전문직의 전제 조건처럼 여기기 쉬운 자격증 자체를 핵심적인 조건으로 생각하기 쉽다는 점이다.

전문직의 핵심은 자격증에 있지 않다. 핵심은 자격증이 아니라 개인사업자가 될 수 있다는 점이다. 법률사무소를 열거나 개인병원을 여는 것은 벤처회사를 차리거나 혹은 치킨집을 여는 것과 본질적으로 다르지 않다. 다시 말해 더 이상 정해진 월급을 받는 월급쟁이가 아니라 버는 만큼 더 많이 가져갈 수 있는 주인이 되었다는 뜻이다. 의사나 변호사를 선망했던 이유는 그렇게 개인사업자가 되고 나면 이른바 '정년' 없이 오래도록 생산수단을 돌릴 수 있기 때문이었던 것이다.

물론 자격증 자체의 힘도 조금은 있었다. 치킨집을 여는 데야 남녀노소의 차별이 있을 수 없지만 의대를 나오지 않고서는 동네의원을 열 방법이 없었고 지금도 그렇다. 이를테면 지금은 망했지만 한때를 풍미했던 전략컨설팅회사 모니터 그룹을 세운 마이클 포터가 얘기한 '진입장벽'이 상대적으로 높은 업종이었던 것이다. 동네에 병원이 귀하던 시절, 아주 무능하지 않고서는 도대체 돈을 벌지 못할 재간이 없었고 그렇게 번 돈으로 아예 병원이 들어가 있던 3층 건물을 사서 '건물주'로 다시 태어났던 것이다.

그렇지만 이제는 위의 공식이 여의치 않게 돼버렸다. 일단 의사건 변호사건 간에 예전과 비교할 수 없을 정도로 수가 많아졌다. 이들의 독점적 이익을 대변하는 단체들이야 당연히 배출되는 신규 인력의 수를 줄이고 싶겠지만 사회 전체적인 눈이 있기 때문에 뜻대로 잘 안 된다. 그러다 보니 예전에는 법률사무소만 열면 돈을 벌 수 있었던 반면 이제는 그렇지 않다.

사실 이들 간 내부적인 경쟁이 치열해질수록 사회 전체적으로는 잃는 것보다는 얻는 것이 많다. 기득권을 누리던 이들의 이익을 이유 불문하고 지켜줘야만 하는 게 아니라면 말이다. 지금도 이들 전문직에는 여전히 개인사업자가 되어 적지 않은 돈을 오래도록 벌 수 있는 여지가 있다. 다만 예전에는 그것이 너무나 수월했던 반면 이제는 그렇게 쉽지가 않다는 게 차이다. 너무나 치열한 경쟁을 치러야 하는 치킨집이 망하기 쉬운 것처럼 충분한 경쟁이 일어나는 시장에서 이들이 망하는 것은 결코 이상하거나 잘못된 일이 아니다.

여기서 잠깐, 한 가지 퀴즈를 내보자. 전문직과 일반 회사원 중 누가 더 많은 돈을 벌까? 당연히 전문직 아니냐고 대답하기 쉽지만, 그렇게 간단하지가 않다.

몇 가지 데이터를 제시해보자. 한 헤드헌팅 회사에 따르면, 변호사들의 평균 연 수입은 8,071만 원으로 모든 전문직 중에서도 제일 높다. 그 뒤를 의사, 치과의사, 한의사 등이 따른다. 가령 치과의사의 평균 연 수입은 7,718만 원이고, 한의사는 7,366만 원이다. 반면 5인 이상의 직원이 있는 사업장의 평균 연봉은 3,960만 원이다. 얼핏 보면 두 배가량의 차이가 나는 것처럼 보인다.

그런데 앞 절에서도 얘기했듯이 모든 변호사가 똑같이 8,071만 원을 버냐 하면 그렇지는 않다. 중앙값은 공개되지 않아서 알 수 없지만, 대신 범위는 확인이 가능하다. 즉 조사된 변호사들 연 수입의 최소값과 최대값을 보는 것이다. 이에 의하면 최소는 3,095만 원이고, 최대는 1억 6,363만 원이다. 전수 조사된 수치는 아니기에 1억

6,000만 원보다도 더 많은 연 수입을 올리는 변호사가 물론 있을 것이다. 반대로 변호사이긴 한데 영업이 안 되거나 혹은 월급이 위의 최소값에 못 미치는 경우도 없으란 법은 없다.

조사된 결과에 한정 지어 얘기하자면, 3,000만 원부터 1억 6,000만 원까지의 분포는 결코 좁지 않다. 얼핏 계산해보아도 최소부터 평균까지의 수입을 거두는 변호사의 수가 평균부터 최대까지의 수입을 거두는 변호사 수보다 크다. 거칠게 어림짐작해보자면, 1년에 7,000만 원 이하의 수입을 올리는 변호사의 수가 전체의 한 30퍼센트는 될 것 같다.

이것을 2016년 1월에 고용부가 발표한 자료와 비교해보자. 이에 의하면, 전기/가스/증기/수도 업종에 종사하는 노동자들의 평균 연 임금은 7,027만 원이다. 여기도 마찬가지로 모든 사람이 7,027만 원을 버는 것은 아닐 것이기에 이 업종의 모든 직장인이 약 30퍼센트의 변호사보다 더 수입이 많다고 할 수는 없다. 하지만 실제로 적지 않은 수가 더 많은 수입을 거두고 있다는 것을 부인하긴 어렵다.

제일 흥미로운 것은 의사다. 앞에서 의사가 변호사 다음으로 연 수입 평균이 높다고 했지만, 사실 개업의로 한정 지었을 때의 얘기다. 종합병원 의사를 보면 6,512만 원으로 떨어지고, 일반병원 의사는 5,121만 원, 공중보건의는 4,787만 원이다. 이 또한 평균이기 때문에 모든 의사가 이 금액을 버는 것은 아니고 그 최소값과 최대값이 변호사처럼 분포되기 마련이다.

그러니 평균적으로 볼 때 누가 더 높고 누가 더 낮으냐를 따질 필요는 없다. 평균보다는 개별적인 내가 결국 얼마를 벌 수 있느냐가 문제다. 생각보다 무슨 직종이냐는 그렇게 중요하지 않다. 그보다는 내가 그 안에서 얼마나 잘할 수 있느냐가 중요해 보인다. 그리고 더 중요한 것은 얼마나 오래 벌 수 있는 시스템을 만들 수 있는가다.

확률의 함정:
로또 당첨자 숫자에 현혹되지 말라

　시스템화된 생산수단을 소유하거나 혹은 최후의 보루인 노동에 의존하지 않는 돈 버는 법은 없을까? 가령 투자로 돈을 벌겠다든지 혹은 한 판 베팅에 성공해서 큰돈을 벌 수 있으면 그것도 돈을 버는 법이라고 할 수 있지 않냐는 생각이 들 수도 있다.

　그런 주장을 하는 사람들은 돈 버는 것을 확률의 문제로 이해하기 좋아한다. 확률은 유용한 도구이지만 오용되거나 남용되는 경우가 너무나 많다. 전체적으로 보면 돈 버는 법에서 확률이 필요한 경우는 별로 없다고 해도 지나치지 않다. 다시 말해 투자나 베팅은 돈 버는 법이 될 수 없다는 얘기다.

　온 국민이 사랑하는 로또를 예로 들어 먼저 얘기해보자. 온 국민이 사랑한다는 수식어는 괜한 말이 아니다. 2016년 로또의 연간 판매액은 무려 3조 5,500억 원이다. 이 금액을 52주로 나누면 매주 약 683억 원이 판매되었다는 것을 알 수 있다. 로또 한 단위의 금액은 1,000원이니, 단순 산술계산에 의하면 매주 약 6,800만 장이 팔렸다는 얘기다. 우리나라 국민의 수를 5,000만 명으로 단순 가정하면, 평균적으로 모든 국민이 한 장 이상씩 샀다는 결론이 나온다.

물론 모든 국민이 로또를 산다는 것은 지나친 결론이다. 평균 1.4장이 팔린다는 것을 모든 사람이 산다고 착각하는 것은 평균의 오류의 또 다른 형태다. 로또를 사는 사람들은 보통 5,000원 단위로 구매하는 경향이 있다. 한 번에 살 수 있는 최대금액은 10만 원이지만, 다른 판매점을 돌면서 사는 이들도 있을 터이니 한 사람이 그 이상 사는 경우는 없다고 결론 내리는 것도 섣부르다. 한 사람당 1만 원씩 산다고 가정해도 평균적으로 매주 680만 명이 로또를 산다는 얘기이니, 미성년자는 아예 구입이 불가능하다는 것까지 감안하면, 결코 적지 않다.

로또의 통계를 한번 보자. 나눔로또의 공식 홈페이지에 가면 관련 통계가 일목요연하게 나와 있다. 2016년 5월 기준, 1회부터 701회까지의 누적 결과를 보면 45개의 숫자 중에 여섯 개를 모두 맞힌 1등의 평균 당첨금액은 20억 원가량이다. 단돈 1,000원을 들여 20억 원이라는 당첨금을 받을 수만 있다면 이보다 더 좋은 돈 버는 법은 있을 수 없을 것 같다.

이제는 20억 원이라는 돈이 내가 로또 1등에 당첨됐다고 해서 반드시 받게 될 돈이 아니라는 것쯤은 즉시 알 수 있을 것이다. 왜냐하면 평균 당첨금액이기 때문이다. 중앙값은 제공이 되지 않아 알 수 없으니 범위라도 알아보자. 가장 많이 받았을 때는 407억 원 이상 받았던 적도 있었고, 제일 적게 받았을 때는 4억 원에 그친 적도 있었다. 4억 원을 받게 되더라도 1,000원 들여 그 정도 돈이 생기면 여전히 훌륭한 결과다. 물론 당첨금을 결정하는 로또의 방식을 봤을 때, 407억 원 초과 혹은 4억 원 미만의 당첨금이 앞으로 나오지 말란 법이 없다는 것도 틀림없는 사실이다.

매주 추첨이 진행되는 로또의 1등 당첨자는 계속 나온다. 이번 주에는 몇 명이 얼마씩 받게 됐다고 뉴스로 다뤄진다. 로또를 산 사람 중에 누군가가 1등이 되는 것은 틀림없는 사실이다. 그러므로 로또를 사면 나 또한 1등에 당첨될 확률이 있다는 것이다. 이론적으로 그 확률이 완전한 0은 아니니까. 이 말이 논리적으로 거짓은 아니다. 이 또한 과거의 통계로 확인할 수 있다. 701회까지의 1등 당첨자 수는 4,357명이다. 평균적으로 매주 6.21명의 1등 당첨자가 나왔다는 얘기다. 분명히 누군가는 1등이 된다.

그런데 다른 질문 한 가지를 해보자. 누군가 로또를 맞았다고 해서 과연 나도 그럴 수 있다는 얘기인 걸까? 실제 당첨 확률이 그동안 얼마나 낮았는가를 계산해서 사실상 0이라는 얘기를 하려는 게 아니다. 물론 계산해보면 사실상 0이나 다름없긴 하지만 말이다. 또

경제학 한다는 사람들이 즐겨 얘기하는, 로또의 수익 기댓값은 마이너스이기 때문에 로또를 사는 것 자체가 바보 같은 짓이라는 얘기를 하려는 것도 아니다.

위 질문은 로또를 사는 행위 외에 1등에 당첨되기 위해서 내가 할 수 있는 일이 무엇이냐고 묻고 있는 것이다. 로또 당첨 기계를 조작하거나 그 공들을 어떻게 손볼 수 있는 게 아닌 한 어느 누구라도 특별히 할 수 있는 일이 없다. 물론 이조차도 할 수 있다고 주장하는 사람들이 있기는 하다. 인터넷에 로또를 검색해보면 '로또 1등 최다 배출', '147주 연속 1~2등 배출', '이번 달 벌써 1등 배출' 등의 광고 문구를 내세우면서 로또 1등 번호를 미리 알려준다는 사이트들이 넘쳐난다.

하지만 약간의 건전한 상식을 지닌 사람이라면 이내 알 수 있을 것이다. 아무런 수단이 없다는 것을 말이다. 로또 1등에 당첨되려면 물론 로또를 사야 한다. 이 과정을 생략한 채로 당첨이 될 수는 없다. 하지만 그렇게 사고 나면 더 이상 아무런 방법이 없다. 부자나 빈자나 공평하기 그지없게 그냥 지켜볼 뿐이다. 다시 말해 운의 소관인 것이다.

확률이란 곧 운이다. 운은 내가 결정할 수 있는 게 아무것도 없기 때문에 운인 것이다. 내가 뭔가 영향을 미칠 여지가 있다면 그것은 더 이상 확률과 운의 영역에 속하지 않는다.

운에 의존해 돈을 벌겠다는 것은 이미 시작부터 번지수가 잘못된 빗나간 시도다. 손가락 빨면서 운이 좋기만을 기다리는 게 어떻게 돈 버는 법이 될 수 있겠나 생각해보라. 세상에는 누군가 운이 좋은 사람이 있기 마련이다. 위에서 얘기했듯이 이번 주에도 누군가는 로또 1등 당첨자라는 기막힌 운을 누린다. 하지만 그 운이 나한테도 올지 안 올지 나는 알 수 없다. 그 어느 누구라도 알 수 없기는 마찬가지다. 그래서 운에 의존하는 것은 결코 돈 버는 법이 될 수 없다.

가장 눈에 잘 띄는 예를 들고자 로또를 골랐지만, 로또 외에도 돈의 세계에는 운에 의존하는 것이 많이 있다. 투자라고 이름 붙인 것들의 거의 대부분은 정도의 차이는 있을지언정 근본적으로 운으로부터 자유롭지 않다. 물론 이 영역에도 1등 당첨번호를 알려준다는 이들은 지천에 널려 있다. 검은색 수트발로 권위를 한껏 과시하면서 뭔가 있어 보이는 용어로 폼을 잡겠지만 '로또 1등 최다배출'과 각론적으로는 다를 수 있어도 총론적으로는 다르지 않다.

불확실성이 수량이나
시간보다 중요하다

돈을 버는 법에서 수량과 시간 사이에는 트레이드-오프, 즉 서로 간에 충돌하는 관계가 대략 없지 않다. 당장 버는 돈을 크게 하려고 하면 대신 시간적 지속성이 떨어지는 경향이 있고, 반대로 길게 오래 확정적으로 돈을 벌려고 하면 돈의 수량이 보잘것없어지곤한다.

전자의 가장 극단적인 형태는 범죄나 불법적인 방법으로 큰돈을 벌려고 하는 것이다. 나중에 문제가 될 수 있다는 것을 모르지 않기 때문에 과감하게 한몫 챙기려 든다. 설혹 잡혀서 감옥에 갔다 오더라도 빼돌려 놓은 돈으로 여생을 보내면 된다는 식이다. 뒤의 시간을 최대로 희생해서 당장의 뭉칫돈을 마련한다는 생각인 것이다.

위와 같은 생각의 대척점에 놓여 있는 생각이 공무원이나 교사가되는 것이다. 이들이 받는 연봉은 모두가 부러워할 정도로 많지는 않다. 그렇지만 만 60세의 정년까지 웬만하면 다닐 수 있으리라는 기대감을 가질 만하다. 게다가 계속 나빠져 가고 있기는 하지만 퇴직 후에 꽤 쏠쏠한 연금도 받을 수 있다. 한마디로 '가늘고 길게'라는 표어가 가장 잘 어울리는 직업이다.

위의 두 가지 모두를 너무 극단적인 선택이라고 느낄 수도 있다. 지금 당장 큰돈이 생기는 걸 마다할 이유는 없지만 그 때문에 앞으로의 인생이 꼬이고 싶지도 않고, 또한 아무리 길게 갈 수 있다고 해도 그 정도 돈을 받아서는 생계가 쉽지 않다고 생각하는 사람도 있을 것이다. 그래서 그 중간 어딘가를 노리곤 한다. 무엇을 공부해서 나중에 어떤 직업이나 직장을 목표로 할 것인가 하는 고민은 결국 돈 버는 법의 수량과 시간 사이에서 어떻게 최선의 대안을 찾아낼 것인가의 고민이기도 하다.

둘의 트레이드-오프 관계에 하나의 정답이나 왕도가 있기는 어렵다. 모든 사람이 똑같지 않고 제각각인 것을 생각하면 더욱 그렇다. 하지만 한 가지만큼은 분명하다. 그것은 수량이나 시간 자체보다는 그와 관련된 불확실성이 더욱 중요하다는 점이다.

모두가 선망하는 분야 중의 하나인 법조계를 예로 들어보자. 예전의 법대나 요즘의 로스쿨에 다니는 사람치고 판사나 검사가 되어 떵떵거리고 사는 꿈을 꾸지 않은 사람은 없을 것이다. 그중 적지 않은 수가 사법고시나 변호사 시험에 붙지 못해 법조인이 되는 꿈을 접는다. 설혹 시험에 붙었다고 하더라도 갈 길은 멀다. 누군가는 판검사로 임용되고 누군가는 임용이 안 돼 로펌에 가고, 또 누군가는 그마저도 어려워 일반 기업으로 눈을 돌리거나 심지어 백수로 지내기도 한다.

판사나 검사가 되었다고 해서 모든 게 만사형통은 아니다. 시작할 때는 비슷해 보이지만 시간이 지나다 보면 차이가 생긴다. 부장급을 끝으로 옷을 벗는 이들과 그 이상으로 올라가는 이들을 미리 구별하기란 쉽지 않다. 누구나 인정하는 유망주였지만 이런저런 개인적인 사정 혹은 불미스러운 이유로 중도에 그만두는 경우도 적지 않고, 처음에는 별로 눈에 띄지 않았지만 나중에 잘되는 경우도 왕왕 있다.

이들 모두는 언젠가는 변호사가 되기 마련이다. 정년이 정해져 있기 때문이다. 미국의 연방법원 판사는 종신제이지만 그건 미국의 일이고 우리와는 상관없는 얘기다. 변호사가 버는 돈의 수량과 시간은 정말이지 제각각이다. 행복은 성적순이 아니라고 했지만, 변호사가 버는 돈이야말로 성적순이 아니다. 검사로 잘나가다가 돈 좀 벌어보겠다고 개업을 했는데 수입이 변변치 않아서 고생하는 경우도 꽤 있다. 모든 것이 불확실함 그 자체다.

사실 젊었을 때 시험 하나 붙은 걸로 평생의 돈 문제가 해결된다면 그거야말로 이상한 얘기다. 학교가 됐든 직장이 됐든 시험을 통해 보다 우수한 사람을 뽑으려고 드는 것은 당연한 일이다. 그렇지만 시험은 한 사람의 지식을 평가하는 불완전한 도구일 뿐, 그 이상도 그 이하도 아니다. 지식의 많고 적음과 버는 돈 사이에 아무런 관계가 없다는 것은 교수들을 보면 분명하게 알 수 있다.

남들이 선망하는 분야인 법조계 내에서조차 버는 돈이 매년 얼마나 될지, 그리고 얼마나 오랜 기간 동안 돈을 벌게 될지가 불확실하다면 다른 분야는 더 말할 필요도 없다. 요즘 일부 대기업은 과장으로 승진하지 않을 권리를 보장해야 한다는 요구를 받는다. 대리로 남아 있으면 월급은 적을지언정 정년까지 버텨볼 시도를 해볼 수는 있는데, 과장으로 승진하고 나면 언제 회사의 등살에 떠밀려 전혀 명예롭지 않은 명예퇴직을 강요당하게 될지 몰라서다.

버는 돈의 수량과 시간이 불확실성에 노출되어 있는 사례는 들고자 하면 끝도 없다. 내가 아는 어떤 사람은 MBA를 마칠 무렵 세계적으로 이름난 헤지펀드와 인터뷰를 하게 됐다. 성공적인 트레이딩으로 수년 동안 명성을 쌓아 올린 그곳은 워낙 콧대가 높아서 인터뷰를 했다는 것 자체가 영광이 될 정도였다. 그런데 놀랍게도 몇 번의 인터뷰가 이어진 끝에 실제로 오퍼를 받았다. 헤지펀드 매니저들이 개인적으로 벌어들이는 엄청난 돈이 더 이상 남의 것이 아닌 상황이 됐던 것이다. 그는 다른 여러 좋은 오퍼를 받았지만 다 거절하고 이곳에 합류하기로 결정했다. 모두들 드러내놓고 그를 부러워

했다.

그렇게 수백억 원 이상의 돈을 벌 것만 같았던 그의 인생은, 그런데 이상하게 꼬여버렸다. 졸업하고 회사에 합류하기로 되어 있던 바로 그 시점에 그 헤지펀드가 천문학적인 손실을 입으면서 부도 처리됐다. 순식간의 일이었다. 그에게 약속됐던 일자리와 엄청난 연봉은 없던 일이 돼버렸다. 그러면서 들이닥친 세계 금융위기의 여파로 그는 꽤 몇 년 이상 다른 직장도 구하지 못하고 무직 상태로 지내야 했다.

큰돈 벌 욕심 없이 안정적으로 오래가는 것으로는 보통 교수를 제일로 친다. 하지만 교수가 되기 위한 전제 조건인 박사학위 취득에 실패한다든지 또는 학위는 받았지만 교수가 되지는 못하는 경우가 부지기수다. 막상 교수가 됐다고 해서 당초 기대했던 대로 65세 정년까지 월급을 받나 하면 꼭 그렇지도 않다. 학생 수가 지속적으로 감소하는 탓에 조만간 적지 않은 수의 대학들이 문을 닫게 될 테고 그렇게 되면 철석같이 믿고 있던 정년 보장이 아무런 소용이 없게 된다. 회사원이 되어 적당히 벌고 적당히 오래가려고 하다가 틀어지는 일이야 이루 말할 수 없을 정도로 흔하다.

'위의 예들은 전부 극단적인 경우 아니냐?' 하고 속으로 반문하는 사람도 없지 않을 것 같다. 기대했던 수량과 시간이 불확실성으로 인해 물거품이 된 예를 들었지만, 반대의 상황도 물론 생각해볼 수 있다. 당연한 얘기이지만 불확실성을 꼭 나쁜 쪽으로만 이해할 필요는 없다. 다만 버는 돈이 수량과 시간 관점에서 확실할 것이라는 비현실적인 기대를 품었다가 세상에 배신당했다고 치를 떠는 우를 범하지는 말자는 것이다.

한 가지 결론만큼은 분명하다. 돈의 모든 것은 불확실하다는 것이다. 불확실하다는 것만이 확실하며, 확실하다고 믿는 것보다 불확실한 일은 없다. "절대로 그런 일은 없다"는 말은 현실 세계에서 완전한 참이 되기가 너무나 어렵다.

정말로 큰돈을 벌고 싶다면
창업만이 유일한 통로

불확실성은 동전의 양면과도 같다. 나락으로 굴러떨어지게 만들 수도 있지만 갑자기 천국으로 올라가게 만들 수도 있다.

다음의 예를 보자. 29세의 한 여자가 있었다. 대학을 졸업하고 편도로만 두 시간이 넘는 거리를 기차로 출퇴근하던 그녀는 삶에 지쳐 다른 나라로 이주를 결심했다. 그곳에서 만난 남자와 결혼해 딸 하나를 낳았지만 결혼생활은 1년 1개월 만에 파경을 맞았다. 확실하지는 않지만 남편의 가정폭력에 시달렸던 것 같다. 만 한 살도 안 된 젖먹이 딸을 데리고 고국으로 다시 돌아온 그녀는 우울증과 자살충동을 느꼈다. 살 집도 없고 직장도 안 구해지는 데다가 딸애의 분유 값을 마련할 방법이 없었기 때문이다. 정부로부터 생활보호 대상자로 인정받은 후에야 얼마 안 되는 보조금으로 겨우 생계를 유지할 수 있었다.

그녀의 유일한 희망은 몇 년째 쓰고 있던 소설이었다. 그렇지만 아이들이 마법학교를 다니며 여러 일을 겪는 황당한 동화에 관심을 보이는 출판사는 아무 데도 없었다. 1년 넘게 열두 곳의 출판사로부터 연이어 거절을 당했다. 그러다 열세 번째 만에 한 출판사가 나섰다. 출판사 대표의 아홉 살 난 딸이 첫 번째 단락을 읽고 나서, 그 즉시 다음 단락을 읽겠다고 요구한 까닭이었다. 하지만 이 출판사도 성공은 거의 기대하지 않은 탓에 초쇄도 고작 1,000부를 찍었을 뿐이었다. 그리고 마침내 이 시리즈는 전 세계적으로 무려 4억 5,000만 부가 팔렸다. 『해리 포터』 시리즈의 작가 조앤 롤링 얘기다.

지금 돌이켜보면 『해리 포터』의 성공은 당연한 일인 것처럼 느껴진다. 쫄깃쫄깃한 글솜씨로 인기 있는 마법학교 이야기를 최초로 펼쳐놓았으니 말이다. 그런데 한 가지 문제가 있다. 마법학교 이야기는 롤링이 최초가 아니라는 점이다. 롤링의 책이 미친 듯이 팔려나가자 한 미국 작가가 롤링이 자신의 책을 베꼈다고 소송을 냈다. 소송을 제기한 미국 작가가 13년 전에 낸 책의 주인공은 소년 마법사로, 이름은 래리 포터였다. 래리 포터는 안경을 끼었고 머글들에 둘러싸여 지냈다.

해리 포터가 래리 포터를 본떠 나온 인물인지 아닌지에 대한 판단은 유보한 채로 얘기를 계속 이어가자. 영미권에서 폭발적인 성공을 거뒀지만 국내의 내로라하는 출판사들은 이의 번역을 주저했다.

검토는 했지만 성공 가능성이 낮다고 봤기 때문이었다. "국내 시장은 영미권과는 다르다"나 "마법사를 소재로 한 동화 시장은 국내에 존재하지 않는다"는 게 그들의 평가였다. 그렇게 2년이 흘렀다.

그 와중에 그다지 크지 않은 한 출판사 대표의 딸이 소설을 읽고 푹 빠졌다. 국악을 전공하고 아빠 회사에서 기획 일을 하던 그녀는 이 책을 번역해 내놓아야 한다고 생각했다. 하지만 "이런 유의 책은 시장이 없다"는 이유로 거부됐다. 아빠를 설득하는 것은 결코 쉽지 않았다. 다섯 번이나 퇴짜를 맞은 후 시집갈 때 혼수 할 돈 대신 이 책 한 번 번역하게 해달라고 막무가내로 졸랐고 마침내 책을 내놓을 수 있었다. 그렇게 나온 문학수첩의 번역본은 국내에서 1,500만 부 이상 팔렸다.

롤링이 어디 적당히 월급 받는 자리를 구하는 데 성공했거나 문학수첩의 김은경 대표가 자신의 혼수를 걸지 않고 그냥 주저앉았다면 어땠을까? 아마도 지금의 롤링이나 문학수첩은 존재하지 않았을 것이라고 짐작해볼 만하다. 이들은 불확실성을 우군으로 삼았고, 그 결과 엄청난 돈을 벌어들였다.

그렇다면 불확실성과 운의 차이점은 무엇일까? 앞에서 운은 내가 직접 영향을 미칠 수 없는 것이라고 정의했다. 그에 반해 불확실성은 모든 것을 내가 통제하고 결정할 수는 없지만 그럼에도 불구하고 뭔가 해볼 여지가 있는 것을 말한다. 남들 누구나 만드는 제품을 적당히 만들어놓고 대박이 나길 기다리는 것은 운에 기대는 것이다. 반면 뭔가 남다른 제품을 만들기 위해 고생하고 노력하면 그땐 불확실성의 세계로 들어가는 것이다.

그러니까 불확실성의 핵심적 의미는 다음의 두 가지다. 첫째, 내가 혹은 보통 사람들이 예상하지 않았던 일이 아무 때나 발생될 수 있다는 점이다. 예측 불가능성으로 이해해도 좋겠다. 둘째, 그렇지만 우리의 모든 수고가 결코 온전히 헛되지는 않다는 점이다. 결과를 결정지을 수는 없지만 그래도 애쓴 사람과 애쓰지 않는 사람의 차이는 있다. 차이가 없길 바라는 것은 그야말로 날로 먹겠다는 심보다. '하늘은 스스로 돕는 자를 돕는다'는 말이 바로 이를 두고 한 말이리라.

돈에는 불확실성이 있기에 월급을 받아서는 결코 많은 돈을 벌 수 없다. 정말로 큰돈을 벌고 싶다면 창업만이 유일한 길이다. 우리가 살고 있는 시스템이 그러하다. 한편 창업만이 유일하다고 했지만 그게 꼭 벤처 회사를 해야 한다는 뜻은 아니다. 위에서 든 조앤 롤링의 예처럼 돈의 불확실성을 자신의 편으로 삼을 수 있는 상황을 만들어야 한다는 뜻으로 이해하면 좋겠다.

요즘 대학생 등 젊은이들의 창업에 대한 관심이 높아지면서, 30대 이상의 사람들은 '아, 나는 이미 늦었어' 하고 한탄하는 경우도 없지 않은 듯하다. 사실 창업을 꼭 20대에 하란 법은 없다. 직장 생활을 하면서 준비가 된 다음에 해도 절대 늦지 않다. 웨딩드레스로 유명한 디자이너 베라 왕이 처음 자기 가게를 열었던 때가 42세 되던 해였다. 타이어 회사 영업사원과 모텔 경영 등을 전전하던 할랜드 샌더스는 63세 때 KFC를 시작했다.

돈의 불확실성을 완전히 무시한다손 쳐도 회사를 세우면 월급을 받는 직장인보다 유리한 점이 많다. 그중 한 가지가 비용 처리다. 개인은 번 돈 전체를 소득으로 간주하여 세금을 내는 반면 회사는 수입에서 자신들이 지출한 비용을 차감한 것만을 소득으로 간주하여 세금을 낸다. 다시 말해 개인이 5,000만 원의 세전 소득을 벌고 생활비 등으로 5,000만 원을 썼을 경우, 남은 돈이 없다고 해서 세금을 안 낼 수는 없다. 반면 회사는 5,000만 원의 수입이 있고 지출한 비용이 5,000만 원이면, 이익이 없는 것으로 간주하여 세금을 내지 않는다. 물론 개인의 경우, 의료비 등 일부 항목에 대해서 약간의 세금 상 혜택을 받긴 하지만 회사가 받는 혜택에 비하면 새 발의 피다.

빚을 졌을 때의 이자 처리 방식도 확연히 차이가 난다. 개인이든 회사든 돈을 빌리면 이자를 갚아야 하는 것은 같다. 하지만 그렇게 낸 이자를 처리하는 방식이 세금 관점에서 다르다. 개인의 경우, 소득은 소득대로 세금을 내야만 하고 이자를 냈다고 해서 세금이 줄지는 않는다. 반면 회사의 경우, 수입에서 비용을 뺀 다음 이자로 낸 돈을 또 뺀 나머지 돈에 대해 세금을 내도록 되어 있다. 결과적으로 회사는 이자만큼 세금을 덜 내게 된다. 회사가 개인에 비해 우대를 받는 것은 이토록 명백하다 못해 노골적이다.

그게 끝이 아니다. 회사, 즉 법인과 개인 차원의 비교 말고, 회사의 주주와 회사의 직원 사이에도 차별은 있다. 미국은 근로소득의 경우 금액에 따라 최대 39.6퍼센트의 세금을 내야 하는 반면 주주가 받는 배당금의 경우는 최대가 20퍼센트에 그친다. 심지어 홍콩 같은 곳은 주주가 받은 배당금에 대해 아예 세금이 없다. 똑같은 돈이어도 직원의 위치에서 월급으로 받으면 더 높은 세율이 적용되는 데 반해 주주의 자격으로 배당금을 받으면 더 낮은 세율이 적용되는 것이다.

회사를 소유하면 월급쟁이보다 세금을 덜 내는 것이 우리가 살고 있는 세계의 현실이다. 그렇다면 결론은 뻔하다. 직원이라는 상태에 안주하지 말고 언젠가는 작을지언정 회사의 오너가 될 것을 지향해야만 한다. 이는 선택이기보다는 일종의 운명이자 의무다.

로버트 기요사키를 통해 본
돈 벌기의 마찰

이제 돈 벌기에서 마지막으로 돈의 네 번째 좌표인 마찰에 대해 알아볼 차례다. 그런데 사실 돈 버는 법의 마찰에 대해서는 이미 앞에서 적지 않게 언급했다. 직장인으로 월급을 받든 회사의 주인으로 배당을 받든 세금과 각종 준조세 형태의 마찰은 필연적으로 발생한다. 그러니 그 얘기를 여기서 반복하지는 말자.

대신 조금은 가벼운 마음으로 로버트 기요사키와 그와 관련된 일들에 대해 얘기해보도록 하자. 기요사키는 『부자 아빠 가난한 아빠』라는 책으로 일약 유명인사가 된, 저술과 강연을 주업으로 하는 하와이 태생의 미국인이다. 부자 되는 법을 알려준다는 그의 책과 강연의 인기가 만만치 않다.

기요사키를 소개하는 또 다른 방법은 버락 오바마의 뒤를 이어 2017년 미국의 대통령이 된 도널드 트럼프와 책을 같이 낸 적이 있는 아홉 명 중 한 명이라는 것이다. 그것도 두 권이나 같이 썼다. 2006년에 『기요사키와 트럼프의 부자』라는 책을, 2011년에는 『마이더스 터치』라는 책을 냈다. 2006년 책을 두고 "기요사키와 트럼프라는 두 거물이 만났다는 사실만으로도 이 책은 베스트셀러가 되기에 충분하다"고 평했던 곳은 다름 아닌 《월스트리트 저널》이었다. 기요사키는 《월스트리트 저널》이 인정한 거물이라는 뜻이다.

그런데 한편으로 그에 대해 고까운 마음을 가진 이들이 꽤 있었던 모양이다. 2012년에 그가 파산을 신청했다는 뉴스가 나오자 "그거 봐라, 내 그럴 줄 알았다!" 하는 식의 반응이 적지 않았다. 명색이 부자가 되는 방법을 알려주겠다고 떠들고 다니는 사람이 제 앞가림 하나 못 하니 그가 하는 말은 모조리 믿을 게 못 된다는 것이었다. 특히 국내에서 그런 반응이 많았다.

벌어진 일을 좀 더 정확히 말하자면, 기요사키가 파산한 게 아니고 기요사키가 소유한 리치 글로벌이라는 회사가 파산신청을 한 것이었다. 기요사키가 아직 상대적으로 무명이던 시절에 유료강연을 업으로 하는 러닝 애넥스라는 회사 도움을 받았던바, 러닝 애넥스의 소유주는 빌 잰커라는 사업가였다. 잰커도 2007년에 트럼프와 책을 하나 냈는데, 시간적 선후 관계를 보건대 기요사키가 트럼프에게 잰커를 소개해줬을 수도 있다.

그런데 유명해지고 나니 막상 나누기로 한 돈을 주지 않는다는 이유로 잰커와 러닝 애넥스가 리치 글로벌을 고소했다. 법원이 약 300억 원의 돈을 지불하라고 판결하자 리치 글로벌은 남아 있는 돈이 22억 원밖에 없다며 파산신청을 했던 것이다. 법원의 판결대로라면 기요사키는 계약을 지키지 않은 파렴치한 사기꾼이라는 비난을 면할 수 없다.

핵심은, 그러나 그가 정직하지 못한 인간임에도 불구하고 본인 재산의 대부분을 지켜냈다는 점이다. 왜냐하면 러닝 애넥스와 계약한 당사자가 기요사키 개인이 아니라 리치 글로벌이라는 유한책임을 지는 회사였기 때문이다. 게다가 기요사키는 리치 글로벌 외에 리치 대드라는 주식회사도 갖고 있다. 리치 대드와 개인 재산을 합친 그의 전 재산은 900억 원이 넘을 것으로 추정되고 있기에 리치 글로벌의 파산이 그에게 아주 큰 타격일 것 같지는 않다. 확실히 그는 자본주의 체제의 게임의 룰을 알고 있다.

돈을 둘러싼 소송 못지않게 돈에 관한 기요사키의 주장은 자극적이며 남다르다. 굳이 그에 대한 얘기를 꺼낸 이유가 그가 한 얘기들이 다 귀담아들을 만해서는 결코 아니다. 그는 이상하고 무리한 얘기도 많이 했다. 가령 잡지《포브스》의 헬렌 올렌 같은 이는 기요사키를 두고 "내부자거래를 옹호하고, 돈이 없어도 빚을 잔뜩 내서 복수의 부동산을 사라고 부추겼다"고 비난했다. 전자는 말할 것도 없는 불법이고, 후자는 서브프라임 위기의 원인이었다.

하지만 음미해볼 만한 얘기들도 없지 않다. 그는 다음의 네 가지 말이 보통 사람들이 가난에서 벗어날 수 없게 만드는 요인이라고 주장했다. 첫째가 '좋은 학교를 나와서 든든한 직장을 잡을 것', 둘째가 '집부터 사고 볼 것', 셋째가 '돈을 아끼고 저축할 것', 그리고 마지막 넷째가 '여러 자산을 골고루 다각화하여 장기 투자할 것'이다. 첫째와 셋째는 상식적으로 많이 하는 말이고, 둘째는 건설업자와 부동산 중개업자들이, 그리고 넷째는 금융업자와 재무 교수들이 입에 달고 사는 말이다.

첫째가 문제인 이유는 두 가지로서, 하나는 앞에서 얘기했듯이 세금이라는 마찰에서 월급쟁이가 회사 소유주보다 불리하기 때문이고, 다른 하나는 직장은 한시적인 미봉책일 수밖에 없는데 여기에만 목을 매도록 오도하기 때문이라는 것이다. 무조건 직장이 나쁘다는 얘기는 분명히 과하다. 하지만 든든한 직장을 구했다고 모든 게 해결되지는 않는다는 지적으로 받아들인다면 충분히 쓸 데가 있다.

둘째가 문제라고 얘기한 이유는 집을 소유하는 순간 발생되는 마찰이 적지 않기 때문이다. 취득 시점에 취득세와 등록세를 몇 퍼센트 이상 내야 하고, 중개업자에게 수수료도 지불해야 한다. 그리고 팔기 전까지는 매년 보유세도 발생된다. 단독주택처럼 직접 수리와 보수를 책임져야 하는 집이라면 더욱 마찰이 커진다. 그런 점에서 기요사키의 지적은 충분히 타당하다.

반면 직접 살고 있는 집이라면 조금 다른 얘기가 될 것 같다. 마찰이 발생되는 것은 피할 수 없지만, 대신 여기저기 월세나 전세로 떠돌아야 하는 불안정함을 없애는 측면이 존재한다. 돈을 불리는 수단이 아닌, 돈 가치 하락에 대한 최소한의 방어로서 거주할 집을 마련하는 것은 필요해 보인다. 저명한 펀드매니저 피터 린치도 자신이 살고 있는 집은 투자의 관점으로 볼 게 아니라고 했다.

셋째는 돈을 아끼고 저축하는 게 문제라기보다는 장기적으로 보면 현금은 가치 하락으로 그 구매력을 잃게 될 운명이라는 뜻이다. 돈의 가치 하락에 대한 주관적인 견해에 달린 문제라 일방적으로 얘기하기는 어렵다. 그리고 종종 닥쳐오는 금융위기 때 헐값에 나온 좋은 자산을 즉시 구입할 수 있는 방법으로 예금 이상은 없다. 결국은 갖고 있는 돈이 전부 얼마냐에 달린 문제다. 어느 수준 전까지 예금은 충분히 유용한 수단이다. 넷째에 대해서는 여기보다는 돈 불리는 법을 말하는 다음 장에서 다루는 게 더 나을 듯싶다.

기요사키를 보면 세금 및 수수료와는 전혀 다른 돈 벌기의 마찰이 있다는 사실을 알게 된다. 너무 돈 벌기의 결과에만 집착하면 소중한 것들을 잃게 된다는 것도 일종의 마찰이라면 마찰이다. 소중한 것의 정의는 물론 사람마다 다르겠지만, 건강이나 가정 혹은 인간관계 등이 해당될 테다. 돈 번다는 미명하에 비윤리적 행위나 범죄를 저지르다간 모든 걸 다 잃을 수 있다.

돈을 불리는 법

4장

왜 수입이 많은 연예인의 파산이 그렇게 흔할까?

이제는 많이 알려져 새로울 것도 없는 것이 연예인들의 엄청난 수입이다. 방송에 한 번 나오는 대가로 받는 돈이 수백만 원은 보통이고, 김수현이나 현빈 같은 톱스타의 경우 2016년 기준으로 1억 원에 달한다. 여기에 광고 출연과 각종 행사, 게다가 단위가 아예 다른 중국 시장에서의 활동까지 생각하면 상상을 초월하는 수준의 돈을 벌어들인다. 물론 매니지먼트 회사의 몫과 세금이라는 마찰이 적지 않기에 이 돈을 모두 개인 자격으로 가질 수 있는 것은 아니다. 그래도 몇 년 이상 활동하면 한 재산 마련할 수 있다.

그런데 그런 연예인들의 파산 사례를 심심치 않게 접한다. 연예인이 속해 있는 엔터테인먼트 산업의 특징을 한마디로 요약하자면 승자 독식이다. 다시 말해 극소수의 톱스타들을 제외한 나머지 종사자들의 수입은 사실 그렇게 많지 않다. 하지만 수입이 많지 않은 무명의 연예인이 파산하는 게 아니다. 무명의 연예인은 생계에 어려움은 겪을지언정 파산하는 경우는 드물다. 파산은 주로 지명도가 있고 한 재산 충분히 가졌을 만한 사람들에게 벌어진다.

왜 그럴까? 남들보다 가진 돈이 많은 그들이 왜 파산하기 쉬울까? 두 가지 이유가 있을 것 같다. 하나는 쓰는 돈을 통제하지 못해서다. 연예인의 수입은 인기가 떨어지면 급격히 줄어들지만, 수입이 좋을 때에 맞춰 올라가 버린 생활수준의 눈높이는 쉽게 떨어질 줄 모른다. 비유하자면 벤틀리 타다가 도저히 버스, 지하철, 도보가 안 되는 것이다. 매에는 장사 없다고, 아무리 가진 돈이 많아도 들어오는 돈보다 나가는 돈이 많으면 곧 욕조는 비기 마련이다.

하지만 사실 그것이 그렇게 결정적인 이유는 아니다. 진짜 파산의 이유는 다른 데에 있다. 바로 투자라는 미명하에 이것저것 손대다가 말아먹기 때문이다. 그것도 그냥 갖고 있는 돈으로 하면 잘 안 될 수는 있어도 완전히 망하기는 쉽지 않다. 하지만 대개 "사업은 원래 그렇게 하는 것"이라는 꼬임에 넘어가 적지 않은 빚을 내서 덤빈다. 그러다 망하면 빚을 갚지 못해 신용불량자로 전락하게 된다.

연예인 파산의 또 다른 특징은 자신이 잘 모르는 분야에 뛰어들었다가 그런 일을 당한다는 점이다. 사업이든 투자든 저절로 되는 일은 없다. 다른 사람들보다 뭐라도 하나 잘하는 부분이 있어야 버틸 수 있고, 그러려면 상당한 수준의 축적된 경험과 노하우가 필수적이다. 그런데 전혀 무관한 분야임에도 불구하고 돈만 집어넣으면 혹은 자신의 유명세가 뒷받침하기만 하면 돈이 저절로 불어나리라고 순진하게 믿어버리는 것이다.

직접 주식투자에 나서거나 또는 투자업자에게 돈을 맡겨 돈을 불려보겠다는 시도도 어긋나기 십상이다. 긴 안목을 갖고 우량한 회사에 선별적으로 투자하겠다는 입장이라면 사실 크게 잘못될 일도 없다. 주가가 출렁거림에 따라 손실을 볼 때도 있겠지만 하루아침에 그런 주식이 휴지조각이 될 리는 거의 없다. 하지만 신용 매수나 빚을 내서 거래를 한다든지 혹은 그것도 모자라 미공개 중요정보 이용이나 주가 조작 등의 불법적 수단을 동원한다든지 하면 그러한 무모함의 결말은 정해져 있다.

연예인을 예로 들었지만 일반인들도 크게 다르지 않다. 정년퇴직하고 받은 퇴직금이나 명예퇴직을 강요당해 생긴 목돈으로 사업이나 투자에 나섰다가 한순간에 모든 걸 잃었다는 얘기를 누구나 한번쯤은 들어봤을 것이다. 돈을 잃는 양상도 비슷하다. 직장생활을 하면서 얻었을 경험이나 지식을 바탕으로 관련 분야의 투자나 사업에 나섰다면 그렇게 쉽게 허물어지지는 않는다. 하지만 주변 사람들의 말만 듣고 전혀 무관한 분야에 손을 대면 완전히 다른 얘기가 돼버린다.

돈을 불리는 일은 주로 금융시장의 영역에서 벌어지는 일이다. 일반적으로 투자 혹은 금융상품 거래라는 이름으로 불리는 것들이라고 생각해도 좋다. 그런데 갖고 있는 돈이 얼마 안 되면 이는 남의 떡에 가깝다. 물론 돈 불리기에 나설 수 있는 최소한의 금액은 정의하기가 쉽지 않다. 개인차가 있을 것이기에 사람마다 제각기 다른 금액을 떠올릴 것이다. 그렇더라도 일단 어느 수준 이상의 돈을 모아놓았음을 전제로 한다.

또한 그 돈이 어느 정도 규모냐에 따라 접근이 가능한 금융상품의 종류가 달라질 수 있다는 사실도 기억하자. 예를 들어, 예금은 작은 돈으로도 접근이 가능하지만 비상장 주식펀드 같은 것은 어느 선 이하의 돈은 아예 받아들이지 않는다. 그러기에 돈이 많아질수록 그만큼 돈 불리기가 용이해진다는 것은 부인할 수 없는 사실이다.

이번 장에서는 돈 불리는 법에 대한 여러 원칙들을 다루려고 한다. 하지만 그 전에 하나의 대원칙이 존재함을 밝히도록 하자. 돈 불리기의 제1원칙 혹은 투자의 제1원칙이라고 불러도 좋다. 그것은 바로 '돈 불리기에 있어 가장 중요한 것은 무리하게 늘리려 하지 않고 지키는 것'이라는 점이다. 다시 말해 돈 불리는 법의 출발점은 가진 돈 지키기다.

투자를 잘해서 재산을 크게 늘린 사람들이 분명히 존재한다. 하지만 알고 보면 그들 대부분은 원래 가진 재산이 적지 않았던 사람들이다. 이와는 대조적으로 가진 돈이 별로 없었음에도 불구하고 몇 번의 '모 아니면 도' 식의 베팅이 성공해서 돈을 크게 불린 사람들도 물론 있다. 그러나 따지고 보면 정말 드문 경우다. 본인들은 자신의 실력 덕이라고 떠벌리고 다니겠지만, 운이 도와줘서 돈을 불린 경우가 부지기수다. 어떤 의미에선 돈을 불린 사람들은 다 최소한 나쁜 운이 따라붙지 않은 덕분에 그런 결과를 얻었다고도 할 수 있다.

돈 불리는 법의 출발점이 가진 돈 지키기라고 할 때, 그렇다면 돈 지키기의 관점에서 알아두어야 할 사항에는 어떠한 것들이 있을까? 다음의 세 가지 사항을 염두에 둘 필요가 있다.

첫째, 자본이득을 노리는 것은 위험하다는 점이다. 자본이득이란 어떠한 대상의 가격이 매입시점보다 오름으로써 얻게 되는 이익을 말한다. 쉽게 말해 주당 5,000원짜리 주식을 샀다가 나중에 1만 원에 팔아서 100퍼센트의 이익을 남기겠다고 하는 게 자본이득을 노리는 행위다. 또는 3억 원을 주고 산 아파트 가격이 오르기를 기대하는 것도 자본이득을 추구하는 것이다. 가격이 두 배가 될 수 있는 만큼 반으로 줄어들 리스크도 감수해야 한다. 이런 행위를 하면 절대로 안 된다고 얘기하는 것은 아니다. 다만 내가 지금 하는 행위에 어떤 리스크가 있는 것인지는 반드시 알 필요가 있다는 얘기다.

둘째, 자본이득을 노리면서 빚까지 지는 것은 더 위험한 일이라는 점이다. 빚을 져서 원래 갖고 있는 돈보다 더 큰 규모로 거래를 하는 것을 레버리지라고 부른다. 레버리지 없이 가진 돈으로 한 투자는 잘못돼봐야 원금 전체 손실에서 그친다. 가진 돈 전체를 쏟아붓지 않고 일부로만 했다면 손실을 입기는 하지만 그것 때문에 파산하지는 않는다. 하지만 레버리지가 있으면 약간의 가격 변동만으로도 모든 것을 잃을 수 있다. 돈을 지키는 것과 돈을 빌리는 것은 서로 상극의 관계다.

셋째, 현금수입을 추구하는 쪽이 덜 위험하다는 점이다. 현금수입이란 약간일지언정 양의 현금이 지속적으로 발생하는 것을 말한다. 상가와 같은 부동산이 어찌 보면 가장 대표적인 현금수입형 자산이라고 볼 수 있다. 이런 자산은 위험한 돈 불리기를 상대적으로 안전한 돈 벌기로 변환시켜주는 역할을 한다. 물론 이런 성격의 자산도 가격 변동의 불확실성으로부터 완전히 자유로울 수는 없다. 하지만 지속적으로 발생하는 현금이 있기에 가격이 하락하더라도 헤쳐나갈 여지가 있다.

투자의 영역에서 단 한 사람의 명인을 골라야 한다면 아마도 대부분의 사람들은 워런 버핏을 고를 것 같다. 자신의 투자 철학에 관해 버핏은 두 가지 원칙을 제시했다. 첫째는 바로 "절대로 돈을 잃지 말라"다. 둘째는 "반드시 첫 번째 원칙을 지키라"다. 투자란 가진 돈을 지키는 것이지, 남보다 많이 불리는 게 아니라는 것을 이보다 더 분명하게 말할 수는 없으리라. 다른 어느 누가 아닌, 바로 버핏이 한 말이다.

지식을 만들어내는
세 가지 방법

투자에 대해 얘기하는 사람도 많고 그들이 주장하는 원칙도 많다. 많은 만큼 개중에는 이게 무슨 원칙이라고 싶은 것들이 꽤 된다. 가령 '무릎에서 사서 어깨에서 팔아라'라는 주식 투자의 원칙을 보면 나는 한숨이 나온다. 물론 무릎에서 사서 어깨에서 팔면 돈이 늘었으니 좋은 일이다. 문제는, 지금 시점이 무릎인지 혹은 어깨인지 어떻게 미리 아느냐는 것이다. 무릎이라고 생각해서 샀는데 나중에 시간이 지나고 보니 상투였더라 하는 일이 늘 벌어진다.

또 '삼봉 천장이 나타나면 상투다' 같은 것도 있다. 주가 차트에서 세 개의 봉우리가 연이어 나타나는데 가운데 봉우리가 높고 좌우의 봉우리가 낮은 것을 삼봉 천장이라고 부른다. 영어의 '헤드 앤 숄더'를 의역한 단어다. 이게 나타나면 주가가 곧 떨어질 신호니 팔라는 것이 그들의 조언이다. 그런 경우도 있겠지만 문제는 그렇지 않은 경우도 없지 않다는 점이다. 그걸 미리 아는 방법은 당연히 없다.

학계는 돈 불리는 법, 즉 투자에 대해 대략 세 가지 정도의 이론을 제시하고 있다. 경영학과에서 가르치는 투자론이라는 과목이 이들을 다룬다. 어떤 것들이 있는지 간략하게라도 살펴보도록 하자.

첫 번째 법칙은 투자대상을 다각화하면 리스크가 준다는 주장이다. 이들의 관점에 의하면, 각각의 자산은 객관적인 기대수익률과 기대수익률의 표준편차, 이름 하여 변동성의 두 가지로 정의된다. 기대수익률은 클수록 좋은 것이고 변동성은 작을수록 좋은 것이다. 이 법칙에서 리스크는 변동성으로 정의되며, 따라서 리스크를 줄이려면 변동성을 줄여야 한다. 그런데 서로 관련이 별로 없는 자산들을 섞게 되면 변동성이 낮아져서 좋다는 것이다.

두 번째 법칙은 자산의 수익률이 자산의 리스크와 비례관계를 갖는다는 주장이다. 여기서의 리스크는 바로 앞에서 얘기했던 리스크와는 다른 리스크다. 이 새로운 리스크를 베타라고 부르는데, 주식시장 전체와 얼마나 유사하게 가격이 변동되는가를 나타내는 지표다. 학교에서 꼬박꼬박 가르치고 있기는 하지만 사실 학계는 이 법칙의 성립 여부를 놓고 대략 반으로 갈라져 있다.

세 번째 법칙은 자산의 가격은 무작위적이라 예측이 불가능하다는 주장이다. 앞의 두 가지 법칙에 대해서 업계는 영혼 없는 지지를 보내고 있다. 진심으로 그게 옳다고 생각하는 것은 아니지만 적어도 마케팅에 도움은 된다고 보고 있는 것이다. 반면 세 번째 법칙에 대해서는 거의 한목소리로 그렇지 않다고 부정하고 있다. 이게 진짜면 그들이 받아 가는 보수와 수수료를 정당화하기가 쉽지 않기 때문이다.

위 세 가지 법칙이 옳으냐 그르냐를 논하기에 앞서 먼저 지식을 만들어내는 방법에 대해서 알아보도록 하자. 갑자기 뜬금없이 웬 지식을 만들어내는 방법이냐는 생각이 들 수도 있겠지만 잠깐만 참아보시길.

우리 인류가 지식을 만들어내는 방법에는 모두 세 가지가 있다. 지식의 대상이 무엇이든 간에 그렇다. 자연과학이든 사회과학이든 마찬가지다. 종교적인 계시나 아름다움에 대한 주관적 판단 같은 것을 제외하면 지금부터 얘기할 세 가지 방법 외에 다른 방법은 없다.

첫 번째 방법은 디덕션deduction, 즉 연역법이다. 미리 전제한 법칙으로부터 새로운 법칙 혹은 명제를 만들어내는 과정이 연역법이다. 연역이라는 한자가 원래 영어의 디덕션과 잘 대응되는지는 사실 모르겠다. 아무튼 디덕션은 하나의 선을 따라 차례대로 밟아나가는 것을 가리킨다.

두 번째 방법은 인덕션induction, 즉 귀납법이다. 구체적인 사례들에서 공통적으로 발견되는 사항을 찾아 이를 법칙화하는 과정이 귀납법이다. 귀납법은 특히 경험주의 철학과 관계가 깊다. 귀납법을 제대로 이해하려면 르네상스와의 관계를 살펴보아야만 한다.

보통 르네상스 그러면 무지와 암흑의 중세시대를 끝내고 인문학의 부활을 가져온 긍정적인 것으로 평가하기 쉽다. 하지만 엄밀히 말해서 고대 그리스 때의 글들이 완전한 지식이니 이것을 그대로 받아들여야 한다는 게 르네상스의 전부였다. 이를테면 세계는 다섯 가지의 원소로 이루어졌다든지, 물체가 움직이려면 무언가가 접촉하여 움직이게 해줘야만 한다든지 하는 말도 아리스토텔레스가 한 말이기 때문에 무조건 진리라는 식의 관점이었다. 다시 말해 르네상스와 인문주의는 과거 지향적이고 권위주의적이었다.

이에 대해 프랜시스 베이컨은 르네상스가 오류 없는 경전인 양 떠받드는 옛날 책들에 나오는 주장은 의미 있는 지식이 아니라고 반박했다. 몇 가지의 불충분한 사례를 무모하게 일반화시킨 임의적인 진술에 불과하다는 지적이었다. 궁극적인 자연의 법칙과 과학적인 지식을 얻으려면 방대한 관찰을 통해 보편적인 규칙을 유도해내야 하는데, 그 방법이 바로 귀납법이었다.

보통 디덕션과 인덕션에 대해서는 최소한 들어본 적이라도 있다. 반면 지금부터 얘기할 세 번째 방법에 대해 들어본 사람은 매우 드물다. 세 번째 방법은 어브덕션abduction 혹은 레트로덕션retroduction이라고 불리는 방법이다. 한자로 번역해놓기를 가추법假推法 혹은 귀추법歸推法이라고 하기도 하고, 좀 더 길게는 가정적 추론법이라고 하기도 한다.

가추법이 어떤 것인지 설명하는 것은 조금 까다롭다. 연역법, 귀납법의 예와 가추법의 예를 비교하는 게 가장 쉬운 방법일 듯싶다. 가추법을 제안했던 찰스 퍼스가 언급한 콩 주머니의 예를 들어보도록 하자.

'이 주머니에서 나온 콩은 모두 하얗다'는 일반적인 법칙과 '이 콩들은 이 주머니에서 나왔다'는 구체적인 사례가 있을 때, '이 콩들은 하얗다'는 결과를 도출해내는 것이 연역법이다. 일반적인 법칙으로부터 절대로 참일 수밖에 없는 하나의 명제를 만들어내고 있음에 주목하자. 반면 귀납법은 '이 콩들은 모두 이 주머니에서 나왔다'와 '이 콩들은 모두 하얗다'는 복수의 구체적 사례로부터 '이 주머니에서 나온 콩은 모두 하얗다'는 일반적인 법칙을 끌어내는 과정이다.

한편 가추법은 '이 주머니에서 나온 콩은 모두 하얗다'는 일반적인 법칙에서 출발하는 것은 연역법과 동일하다. 이런 연유로 많은 사람이 연역법과 가추법이 같은 것이라고 착각한다. 하지만 구체적 사례와 결론의 위치가 바뀐다. 즉 '이 콩들은 하얗다'는 결과가 주어져 있을 때, 이를 바탕으로 '이 콩들은 이 주머니에서 나왔다'는 구체적 사례를 결론으로 끌어내는 것이 가추법이다.

얼핏 보면 거기서 거기인 얘기처럼 보이겠지만, 조금만 찬찬히 들여다보면 가추법의 문제가 드러난다. 눈앞에 보이는 콩들이 하얗다고 해서 반드시 이 주머니에서 나왔다고 확신할 수는 없다. 얼마든지 내가 모르는 다른 주머니에서 나왔을 수도 있다. '이 콩들은 하얗다'는 진술이 구체적이고 경험적인 사실이기에 가추법적 논리를 귀납법과 혼동하는 경우도 흔하다. 하지만 둘은 분명히 다르다.

연역법에 의해 만든 법칙은 전제 조건이 참인 한 반드시 참이다. 하지만 이를 통해 새로운 지식이 생기는 경우는 사실 없다. 보통 사람들이 연역법에 대해 갖고 있는 이미지는 환상에 불과하다. 세기의 철학자 루트비히 비트겐슈타인은 그의 책 『논리-철학논고』에서 연역법은 동어반복에 불과하다고 주장했는데, 이에 반대하는 논리학자나 철학자는 별로 없다.

귀납법에 의해 만든 법칙은 일단은 참이지만 불완전하다. 언제든지 반례가 발견되면 더 이상 법칙으로 남아 있을 수 없기 때문이다. 귀납법에 의해 새로운 지식을 만들 수는 있지만, 맹신해서는 곤란하다.

가추법은 문제투성이다. 가추법에 의해 만든 법칙은 전혀 법칙이 아니다. '이럴지도 모른다'는 추측에 불과하다. 추측이기에 생산성은 높다. 하지만 안전성과 확실성은 별로 담보되어 있지 않다. 가추법적 논리는 통계적 논리와도 손이 닿아 있다. 어떤 것이 통계적으로 성립된다는 말은 당신의 기대대로 되지 않는 경우가 부지기수라는 뜻이다.

업계의 투자 원칙이든 학계의 투자 법칙이든 연역법이나 귀납법에 의해 만들어진 것은 정말 드물다. 거의 대부분 가추법에 의존해 만들어졌다. 그 법칙과 원칙이 듣기엔 그럴싸해도 실제의 돈 불리기에서 무용지물이 되다 못해 심심치 않게 해가 되기도 하는 것은 그런 이유 때문이다.

필수는 아니지만 져야 한다면
질 만한 리스크만 진다

이제 학계가 주장하는 투자의 두 번째 법칙에 대해 좀 더 자세히 얘기해보자. '왜 순서대로 첫 번째 법칙부터 얘기하지 않지?' 하고 의아해하는 독자가 있을지도 모르겠다. 학계의 법칙들은 발표된 시간을 따랐다. 그러니까 역사적인 이유로 그렇게 정해진 것이다. 그렇지만 일반인들이 돈 불리기에 대해 갖고 있는 생각의 우선순위와 일치하지는 않는다. 일반인들에게는 수익률이 일차적인 관심사다. 그리고 수익률은 리스크와 관계가 있다.

일반인들은 불안하다. 왜냐하면 투자를 통해 남들보다 더 많은 수익률을 올리지 않으면 '큰일 난다'는 업계의 사이렌 소리에 완전히 포위되어 있기 때문이다. 돈 가치 하락은 필연적이어서 갖고 있는 돈의 구매력을 잃지 않으려면 뭔가를 해야 한다고 꼬드긴다. 호랑이가 시장을 배회하고 있다는 황당한 얘기도 세 사람이 연달아 하면 믿기 십상이라는 옛말도 있다. 하물며 전문가라는 자들이 끊임없이 떠들어대는 소리를 못 들은 척 무시할 정도로 심지가 굳은 사람은 그렇게 많지 않다.

공포 마케팅만으로 충분치 않은 경우엔 욕심을 건드리는 쪽으로 방향을 튼다. 이러저러한 투자상품에서 커다란 이익이 났다고 광고하고 또 광고한다. 투자로 돈을 크게 불려서 엄청난 자산가가 되었다는 사람들의 사례를 들먹인다. 특출 난 뭔가가 있는 사람인가 하고 이력을 들여다보면 그다지 인상적이지 않다. '이런 사람도 투자를 잘해서 이렇게 큰돈을 갖게 되었는데, 나라고 못할쏘냐?' 하는 생각이 불끈 치밀어 오른다.

그러나 막상 그들이 꼬드긴 대로 돈을 투자하고 나면 갑자기 모든 게 달라진다. 잘되면 그들의 전문성 덕분이지만 잘못되면 내 책임이다. "당신네들 말 믿고 투자했는데, 어떻게 이런 손실을 입을 수 있느냐?"고 항의하면 이번엔 이런 게 어떠냐며 다른 투자상품을 팔려고 든다. 하지만 이번에도 손실은 또다시 내 책임이다.

그러고 보면 금융시장은 실물을 거래하는 시장과 사뭇 다르다. 뭔가를 파는 사람이 자신이 판 물건에 대해 책임을 지지 않겠다는 것은 실물시장에서는 있을 수 없는 일이다. 판 물건에 하자가 있다면 환불은 기본이고 혹시 손해라도 입었다면 원상회복을 시켜줘야 한다. 이상한 물건을 나 몰라라 하고 자꾸 파는 상인이 있다면 아예 장사를 못 하게 될 테다. 그러한 의무는 물건을 판 사람이 물건을 직접 만든 사람이건 유통업자건 간에 다르지 않다.

그런데 금융시장은 그렇지 않다. 투자하지 않으면 뒤처지는 것이라며 온갖 감언이설이 동원되지만 막상 산 투자상품이 잘못되면 금융업자의 책임은 아니란다. '투자자 책임 원칙' 때문에 그렇단다.

"내 책임이 아니오" 하고 금융업자들이 얘기하는 이유는 단순하다. 자신들은 단지 중간에 끼어서 수수료를 받았을 따름이라는 것이다. 어떤 회사의 주식가격이 오를지 말지는 아무도 모른다. 겉으로는 안다고 주장하는 사람들이 꽤 있지만 속으로는 그들도 자신이 모른다는 것을 안다.

그러니까 주식가격이 오르든 혹은 내리든 금융업자는 상관없다. 그들은 이미 챙길 돈을 다 챙겼기 때문이다. 주식가격이 떨어지면 정부가 대책을 내놓아야 한다고 한목소리로 외치지만 자신들의 말을 믿고 투자한 사람들이 걱정돼서 그러는 것은 아니다. 단지 거래량이 줄어들까 봐, 그래서 자신들의 수수료 수입이 줄어들까 봐 걱정돼서 그러는 것이다. 그럼에도 불구하고 사람들은 두려움과 욕심에 눈이 멀어 오늘도 이들의 말에 귀가 솔깃하다.

이렇게 생각해볼 수도 있다. 어떤 가게가 100퍼센트의 이익을 붙여서 판다고 생각해보자. 그러니까 100에 사 온 물건을 200이라는 가격에 버젓이 파는 것이다. 몰랐으면 가만히 있겠지만 그 사실을 안다면 대부분의 사람들은 분노할 것이다. "그렇게 많이 남기는 것은 사기 아니냐?"고 할 만하다.

그런데 금융시장에서는 모두가 그것을 목표로 한다. 주식을 사면 한 100퍼센트 정도는 올랐으면 하고 바란다. 그래서 100에 산 주식을 200에 팔면 성공적인 투자였다고 흐뭇해한다. 곧바로 주가가 다시 100으로 떨어져 200의 돈을 주고 내 주식을 사 간 사람이 손실을 입어도 그건 내 문제가 아니다. 그저 그 사람이 능력 없는 투자자일 따름이다. 100의 돈이 나갔다가 200이라는 돈이 돌아온 것은 전적으로 동일하지만 전자는 사기요, 후자는 승리다.

투자상품을 한마디로 정의하라면, '가격이 떨어져 손실을 입을 수 있는 어떤 것'으로 정의할 수 있다. 그 대상이 주식이든, 펀드든, 외환이든, 원자재든 혹은 부동산이든 마찬가지다. 투자상품의 본질은 가격 하락의 손실을 입을 수 있다는 것이고, 그게 투자 행위의 리스크다.

물론 거기엔 반대급부가 있을 수 있다. 가격 하락의 가능성만 있는 것을 사겠다는 바보는 없다. 가격 하락의 리스크를 떠안는 대신, 큰 기대 없었던 가격 상승의 행운을 누릴 여지가 있다. 그런 점에서 수익률과 리스크가 아무 관계가 없다고 말하는 것은 지나치다. 분명히 둘 사이에는 어떤 관계가 있기는 있다.

보통은 이 둘의 순서를 뒤바꿔놓는다. 즉 가격 상승의 기대를 먼저 하는 대신 손실의 가능성도 떠안는다고 말이다. 결과는 같다. 하지만 좀 더 신중한 관점을 원한다면 그 둘의 순서를 바꾸는 게 더 적절하다. 말로 표현하자면 이런 식이다.

"투자를 하겠다고 하면 먼저 손실을 볼 각오를 하라. 따라서 손실을 입어도 괜찮을 정도만 투자하라. 그러면 때에 따라 돈이 불어나기도 할 것이리라."

업자들은 돈을 현금과 예금으로 둬서는 안 된다고 곧잘 말한다. 물론 그들은 그렇게 얘기할 법하다. 예금으로 남아 있으면 자신들의 수수료가 생기지 않기 때문이다. 하지만 과연 그럴까?

예금으로 갖고 있는 돈이 그다지 불어나지 않는 것은 사실이다. 요즘 같은 저금리 환경에서는 더욱 그렇다. 하지만 대신 손실 가능성은 0에 가깝다. 은행도 경우에 따라서는 망할 수 있기 때문에 완전한 0은 아니다. 하지만 이용 가능한 수단 중에 그래도 가장 안전한 게 은행 예금이다. 그러니까 돈이 조금밖에 불어나지 않는 것은 사실이지만, 손실 걱정은 거의 접어둬도 된다.

예금의 신중함이 싫다면 그때는 적극적으로 투자에 나설 일이다. 관련하여 이런 질문을 한번 해보자. 이 세상에 알려져 있는 모든 투자행위의 결과는 어떨까? 그러니까 투자를 통해 돈을 불린 사람과 투자로 인해 돈을 잃은 사람의 수가 어떻게 되겠느냐는 질문이다. 정확한 수치는 아무도 모른다. 사실 국내 주식시장 같은 경우,

집단으로서 개인은 늘 항상 돈을 잃는 쪽이다. 하지만 어림짐작으로 대략 반반 정도라고 해보자. 그러니까 반은 돈을 불리는 데 성공하고 반은 오히려 돈을 잃는다.

그렇게 보면 예금은 대놓고 욕을 먹어야만 하는 못난이가 아니다. 적어도 돈이 줄지는 않았으므로 중간은 가는 대안이다. 그렇게 돈을 모은 후 져도 될 만한 괜찮은 리스크를 선별적으로 지는 것은 결코 열등한 선택이 아니다. 모은 돈이 어느 선을 넘으면 리스크를 감내할 수 있는 잠재력도 커진다. 그때부터는 일부의 돈을 예금이 아닌 무언가에 투자하는 것도 충분히 생각해볼 수 있다.

주목할 만한 사실은 돈이 정말로 많은 사람들은 무턱대고 리스크를 지지 않는다는 점이다. 다시 말해 무모한 이익을 보려고 들지 않는다. 일반적으로 그들은 이익을 보는 것보다 잃지 않는 데에 관심이 더 크다. 대신 리스크를 아예 지지 않으면 결국 언젠가 뒤처진다는 것도 안다. 그래서 그들은 질 만한 리스크만 진다.

평균수익률이 높아도
결과적으로 나쁠 수 있다

　금융회사들이 결과에 책임을 지지도 않으면서 투자는 필수라는 식의 선전에 몰두한다는 얘기를 앞에서 했다. 그렇지만 사람들도 당연히 바보는 아니다. 수익에 대한 기대로 투자상품에 손을 댔다가 적지 않은 손실을 보면 어떻게 하느냐는 의문을 갖는다. 그때 업자들이 전가의 보도처럼 꺼내 드는 것이 있다. 바로 "투자상품은 단기적으로는 손실을 볼 수 있지만, 장기간 투자가 이뤄지면 결국 예금과 같은 안전한 상품보다 더 큰 수익을 얻게 된다"는 것이다.

　좀 더 구체적으로 얘기하자면 이런 식이다. 주식이나 펀드 같은 위험자산은 손실 가능성이 없지는 않다. 하지만 평균적인 기대수익률은 예금보다 높기 마련이고, 또 실제로도 높다. 그렇기 때문에 단기간의 손실 가능성에 겁먹지 말고 장기 투자를 하게 되면 끝내 승리하리라, 뭐 이런 식이다. 듣고 나면 꽤 그럴싸하다.

그것으로도 반신반의하는 모습을 보이면, 그다음에는 리스크와 수익률 사이의 관계를 들먹인다. 리스크와 수익률 사이에는 대략 비례의 관계가 있기에, 예금보다 높은 수익을 거두려면 리스크를 지는 게 필수적이라는 것이다. 계속되는 공세에 흔들리는 듯한 표정을 지으면 다음과 같은 최후의 일격을 가한다. 즉 이러한 내용은 학문적으로도 입증된 사항으로 노벨상까지 받은 내용이라고 말이다. 이쯤되면 반박하기가 쉽지 않다.

위와 같은 주장에 대해서 학계는 대체로 동의해왔다. 주식의 평균수익률이 채권보다 높고, 채권의 평균수익률이 예금보다 높다는 것이 학계의 일반적인 견해다. 따라서 평균수익률이 높은 주식 같은 위험자산을 단기간은 모르지만 장기간 보유할 경우 예금보다는 결과적으로 더 많은 수익을 거두게 될 것이라고 한다. 이를 대놓고 주장하는 미국의 유명한 교수도 있다. 이에 대해 꼭 그렇게 볼 게 아니라고 문제 제기를 하는 교수를 나는 본 적이 없다.

그렇다면 한번 직접 시뮬레이션을 해보자. 투자기간이 충분히 길도록 30년이라는 시간을 가정하자. 주식이나 펀드와 같은 손실이 가능한 투자상품과 원금손실의 걱정이 없는 예금을 비교하는데, 세금과 거래수수료 등 일련의 마찰을 뺀 후의 수익률 관점에서 투자상품과 예금의 수익률을 가정하는 것이다.

예금의 이자율은 연 1.5퍼센트를 가정하자. 투자상품의 수익률을 가정해야 하는데, 매년 연 5.55퍼센트의 수익률을 실제로 얻는다고 가정하자. 다만 투자상품에서 항상 연 5.55퍼센트의 수익이 발생한다는 것은 아무리 봐도 비현실적이다. 금융시장의 역사를 조금만 돌이켜보면, 최소 10년에 한 번 정도는 금융위기가 발생해왔다. 이걸 전적으로 무시할 수는 없다.

이러한 사실을 감안하여 10년에 한 번은 연 30퍼센트의 손실을 입는다고 가정해보자. 사실 연 30퍼센트라는 손실은 과거에 실제로 발생했던 손실의 규모보다는 적다. 하지만 우선 이 정도만 가정해보도록 하자. 위와 같이 가정할 경우, 투자상품의 평균수익률은 연 2퍼센트로 계산된다. 엑셀 등이 옆에 있다면 한번 실제로 계산해봐도 좋다.

그러니까 투자상품의 연 평균수익률은 2퍼센트이고 예금의 연 평균수익률은 당연히 1.5퍼센트다. 투자상품 쪽이 연 0.5퍼센트 높다. 10년에 한 번씩 손실을 입기는 하지만 평균적으로 수익률이 높으니 시간이 길어지면 그러한 손실은 사라지고 예금보다 더 많은 수익을 얻어야 한다. 업계는 그렇게 얘기해왔다.

위 투자상품에 대해 30년간 투자한 누적수익률을 구하면 47.46퍼센트가 나온다. 그 의미는 100이라는 돈을 넣어두면 30년 후에 147.46이라는 돈을 찾을 수 있다는 뜻이다. 그러면 평균수익률이 투자상품보다 연 0.5퍼센트 낮은 예금에 30년간 넣은 결과는 어떨까? 47퍼센트보다 한 10퍼센트 이상 낮을 것 같다. 놀라지 마시라, 연 1.5퍼센트의 예금에 30년간 두었을 때의 누적수익률은 56.31퍼센트다. 자신보다 연 0.5퍼센트 높은 평균수익률을 갖는 투자상품보다 약 10퍼센트 더 많다.

사실 이 정도면 살살 다룬 편이다. 10년에 한 번 입는 손실의 규모를 좀 더 현실적으로 만들어보자. 가령 10년에 1년은 연 50퍼센트의 손실을 입는다고 가정하자. 대신 나머지 9년 동안은 매년 연 8.33퍼센트의 수익을 얻는다고 치자. 이 경우, 평균수익률은 연 2.5퍼센트로 나온다. 예금보다 연 1퍼센트가 더 높다.

결과는 어떨까? 이 새로운 투자상품에 대한 30년간의 누적수익률은 8.42퍼센트다. 예금보다 약 50퍼센트가 낮다. 비교가 민망할 정도다.

조금 더 힘을 줘보자. 이번에는 투자상품의 연 평균수익률이 연 3퍼센트가 되도록 맞춰보자. 비교 대상인 예금보다 연 1.5퍼센트가 더 높다. 연 3퍼센트의 평균수익률을 만들기 위해 10년 중에 9년은 연 10퍼센트라는 놀라운 수익률을 거둔다고 하자. 글로벌 금융시장에서 뛰노는 헤지펀드들 중에는 연 10퍼센트의 수익을 꾸준히 거두는 곳들이 없지 않다. 그렇지만 그런 곳들도 대개 10년에 한 번 정도는 큰 손실을 입는다. 그 손실이 연 60퍼센트라고 하자. 게다가 기간은 그들이 맨날 얘기하는 장기 중의 장기인 30년이다.

위의 세 번째 투자상품의 30년 누적수익률을 계산해보면 절로 한숨이 나온다. 마이너스 16.1퍼센트가 그 결과다. 평균수익률이 연 3퍼센트에 달하지만 누적수익률은 마이너스다. 100의 돈을 집어넣은 결과 30년 후에 16 깎인 84의 돈을 돌려받는다. 실제로 이런 일을 겪으면 화가 치밀어 오른다.

그러니까 평균수익률은 그렇게 중요한 지표가 아니라는 얘기다. 평균수익률이 높아도 결과적으로 돈이 덜 불어날 수 있다. 물론 평균수익률이 높으면서 누적수익률이 높은 경우도 있다. 하지만 평균수익률이 높다고 해서 결과적으로 항상 누적수익률이 높지는 않다. 심지어 어쩌다 큰 손실을 한 번 입으면 평균수익률이 아무리 높았어도 돈은 오히려 줄어들기까지 한다.

이쯤 하면 앞에서 얘기한 버핏의 두 가지 원칙이 다시 생각난다. '이런 이유 때문에 버핏이 그런 말을 한 걸까?' 하는 생각이 드는 것이다. 물론 버핏은 예금이 아닌 주식을 운용해왔다. 하지만 10년에 한 번 정도 손실 보기를 면할 자신이 있는 게 아니라면 예금의 누적수익률을 앞서는 것은 그렇게 간단한 일이 아니다. 그리고 버핏처럼 종목을 고를 수 있는 사람은 지구 상에 몇 명 되지 않는다.

도대체 왜, 그러면 이런 얘기를 할 만한 위치에 있는 사람들이 위의 사실들을 알려주지 않는 걸까? 여러 가지 원인이 있을 수 있다. 하나는 그들이 겁쟁이라서다. 다른 하나는 그렇다는 사실조차 몰라서다. 한마디로 무능력하다는 얘기다. 마지막으로 금융업자들의 돈에 포획된 모리배이기 때문이다. 혹은 위의 세 가지 전부 다일 수도 있다.

아비트라지와 복리효과를 통해 본
투자의 민낯

차익거래, 즉 아비트라지arbitrage는 똑같은 물건이 다른 가격으로 팔릴 때 싼 쪽에서 사서 비싼 쪽에 내다 파는 것을 말한다. 당연히 이렇게 하면 돈을 벌 수 있다. 똑같은 사과를 90에 사서 100에 팔면 10이 남으니까. 그리고 손실 걱정도 거의 없다. 인류가 존재해온 이래로 모든 상인은 아비트라지를 목표로 해왔다.

차익거래라는 말을 들어본 적이 있다면 재무경제학에 대한 기초 지식을 이미 갖춘 셈이다. 재무경제학자에게 아비트라지는 거의 도깨비 방망이나 다름없다. 뚝딱 하면 뭐든지 주장할 수 있다. 그들에게 아비트라지는 돈을 벌 수 있는 방법이기보다는 경제학적 균형을 설명하는 개념적 도구다.

무슨 말인고 하니, 싼 데서 계속 물건을 사다 보면 가격이 오른다. 반대로 비싼 데서 팔다 보면 가격이 내린다. 싼 곳의 가격은 올리고

비싼 곳의 가격은 내리니 이를 계속하다 보면 가격의 차이는 '중재'
되어, 즉 아비트라지를 당해 사라지게 된다. 사과의 가격이 95로 수
렴되는 과정이 바로 아비트라지다.

개별 투자상품에는 승자도 있고 패자도 있다. 평균적으로 보자면
어떨까? 그러니까 투자상품 전체의 누적수익률이 예금과 비교해서
어떠하냐는 것이다. 안타깝게도 이를 구하는 것은 거의 불가능에 가
깝다. 하지만 이론적으로 어떠할지 짐작해볼 수는 있다. 바로 아비
트라지의 원리를 적용하는 것이다.

투자상품의 수익률이 평균적으로 예금보다 좋다면 무슨 일이
벌어질까? 사람들은 점점 더 투자상품을 사려고 들 테고, 그 결과
투자상품의 가격이 올라간다. 올라간 가격에 산 만큼 이후의 수익
률은 떨어진다. 반면 예금을 드는 사람은 점점 줄어들기에 예금의
이자율은 올라간다. 언제까지 이 과정이 계속될까? 바로 투자상품
의 평균적인 수익률이 예금과 다르지 않을 때까지다. 그러고 나면
투자상품의 평균적인 누적수익률은 예금과 대동소이할 것이다.

혹시라도 있을 오해를 피하기 위해 이쯤에서 분명히 하자. 재무경
제학에서 얘기하는 대로 아비트라지가 완벽하게 작동하리라고 주
장하는 것이 절대 아니다. 솔직히 말하자면, 그렇게까지 완벽하지는
않을 것 같다. 다만 재무경제학자들의 논리를 따르자면 이런 얘기도
이론적으로는 할 수 있음을 보여주고 싶어서 말하고 있는 것이다.

자 이제, 이론적으로는 투자상품의 평균적 누적수익률이 예금과 다르지 않다는 데까지 왔다. 투자상품의 평균 누적수익률이 중간값과 같다면, 투자한 사람의 반은 예금보다 더 나은 수익을 얻었을 것이다. 그 말은 나머지 반은 결과적으로 물을 먹었다는 얘기이기도 하다. 거의 대부분의 사람들은 자신의 투자실력이 상위 50퍼센트에는 충분히 속할 것이라고 생각하기 쉽다. 자신의 실력을 실제보다 과대평가하는 경향이 사람들에게는 분명히 있다. 가령 자신의 운전 실력을 평가해보라고 하면 90퍼센트 이상의 사람들이 평균 이상이라고 대답한다. 하지만 그들 중 반은 안타깝게도 평균 이하의 실력이어야만 한다.

수익률의 분포를 관찰해보면 대개 두꺼운 꼬리를 갖고 있다. 극히 소수이긴 하지만 굉장히 큰 이익을 보는 사람들도 있다는 얘기다. 두꺼운 꼬리를 갖고 있는 분포에서 중간값과 평균은 서로 같지 않다. 다시 말해 누적수익률의 중간값이 평균보다 낮다. 그 말은 예금보다도 못한 누적수익률을 얻는 사람들의 비율이 50퍼센트가 아니라 그보다 크다는 얘기다.

한편 돈에 대한 책치고 복리효과를 언급하지 않는 책이 없다. 부자 되기 책이든 재무론 교과서든 마찬가지다. 인디언이 맨해튼 섬을 팔지 않았다면 지금쯤 얼마나 부자가 되었을까 하는 얘기가 복리효과를 언급할 때 주로 등장하는 사례다.

아인슈타인이 이를 두고 '세계의 여덟 번째 불가사의'라고 했다는 얘기도 맨해튼 섬 얘기 못지않게 자주 언급된다. 복리효과가 얼마나 중요하던지 아인슈타인이 인정할 정도였다는 것이다. 그러나 일련의 인용구들과 마찬가지로, 아인슈타인이 위와 같은 얘기를 했다는 직접적인 기록은 찾을 길이 없다. 누군가가 복리를 우상화하기 위해 아인슈타인의 이름을 팔았을 가능성이 크다. 스웨덴 중앙은행이 노벨의 이름을 욕되게 하는 이상한 상을 만들어낸 것처럼 말이다.

좀 더 구체적인 숫자 얘기로 다시 돌아가자. 연 1퍼센트의 수익률 차이도 장기간의 복리로 중첩되면 큰 차이가 될 수 있다고 그들은 얘기한다. 차이가 나는 건 사실이다. 하지만 그 차이가 실제로 얼마인지 알 필요가 있다.

100이라는 돈을 연 1.5퍼센트의 세후 이자율을 갖는 예금에 연 복리로 30년간 넣어두면 156.31이 됨은 위에서 본 바와 같다. 그렇다면 그보다 연 1퍼센트 높은 연 2.5퍼센트의 마찰 후 수익률을 꾸준히 얻으면 얼마가 될까? 계산해보면 209.76이 나온다. 원금이 1억 원이었다면 1억 6,000만 원 될 게 2억 1,000만 원 되는 정도다. 5,000만 원 정도의 차이다. 작은 차이는 아닐 수 있다. 하지만 인생이 바뀔 만한 정도의 큰 차이인지는 잘 모르겠다. 이런 정도를 더 벌어보겠다고 원금 손실 가능성을 떠안는 게 현명한 행위인지 곰곰이 잘 생각해볼 일이다.

기간이 30년이 아니라 300년쯤 되면 물론 그 차이는 엄청나게 커진다. 하지만 그렇게 긴 시간을 걱정하기에는 우리의 수명이 짧다. 또 원금이 한 100억 원쯤 되면 50억 원의 차이가 발생하니 이도 무시할 수준은 아닐 수 있다. 하지만 그 정도의 돈을 가진 사람이나 할 고민이다.

2016년 통계청의 조사에 따르면, 우리나라 가구의 자산 평균은 3.6억 원 정도다. 한편 가구당 평균 빚은 7,000만 원 정도로 조사됐다. 그러니까 우리나라 가구들의 실제 자기 돈은 평균 2.9억 원 정도라는 얘기다. 이것도 평균이니까 가구당 재산의 중간값은 틀림없이 이보다 더 낮은 금액일 것이다. 또 그 돈의 대부분은 사는 집에 들어가 있을 테고, 예금과 투자상품으로 운용할 수 있는 돈은 일부에 불과하다. 보통의 일반인들에게 복리효과는 그렇게 걱정하고 신경 쓸 대상이 아니기 쉽다.

반취약성을 지향하며
취약성을 제거한다

세상은 불확실성으로 가득 차 있다. 변하지 않을 것이라는 예상이 빗나간 것을 모아놓은 것이 역사다. '의외의 일이 벌어질 수 있어!' 하는 예상으로도 완전한 대비가 되지 않는 것이 삶이다. 세상은 사람들의 예상보다 한참 더 난폭하고 거칠다.

예를 들어보자. 일본 역사상의 지진 중 가장 강한 것이 진도 7대였다. 1923년의 유명한 간토 대지진이 7.9였다. 이보다 더 큰 지진이 발생된다는 것은 생각하기 어려웠다. 진도 1의 차이는 진폭으로는 무려 10배 차이다. 가령 땅이 1미터 움직일 게 10미터 움직인다는 얘기다. 지진으로 인한 파괴 에너지 관점으로 보면 약 32배에 달한다.

그래서 일본의 원전은 진도 8.6까지 견딜 수 있도록 디자인됐다. 역사상 발생한 가장 큰 지진의 진도보다도 높은 숫자였다. 그런 진도의 지진이 발생할 가능성은 사실상 없는 것이나 다름없다고 봤지만 안전하게 하기 위해서 여유를 둔 것이었다. 그러다 2011년 3월 11일, 진도 9.1의 지진이 일본 동북부 해안을 강타했다. 후쿠시마 원전은 속절없이 무너졌다.

사례를 들고자 하면 끝이 없다. 번쩍이는 데가 없지는 않았지만 엽기적인 춤과 가사로 점철된 〈새〉라는 노래의 주인공이 한국을 대표하는 가수가 될 줄 누가 알았겠나. 농구로 얘기해보자면, 보기는 즐겁지만 한계가 있다던 점프슛 위주의 팀이 정규시즌에서 2년 연속 최다승을 거두고 그 주역이 만장일치로 MVP가 되리라고 누가 생각했겠나. 또 이른바 히트곡이 하나뿐이라는 가수가 그렸다던 화투 그림이 남이 대신 그려준 것이라고 누군들 짐작이나 했겠나.

세상이 온통 불확실성으로 가득한데 말 많고 탈 많은 금융시장이 고요한 '백조의 호수' 같을 리는 없다. 금융의 역사는 투기의 역사인 동시에 위기의 역사다. 돈 불리기에서 이러한 불확실성을 감안하지 않겠다는 것은 절벽 길에서 두 눈을 감고 운전하겠다는 것과 다를 바 없다.

불확실성에 대응하는 방법에는 두 가지 방향이 있을 수 있다. 하나는 불확실한 일이 벌어지면 손해를 보는 쪽이고, 다른 하나는 불확실한 일이 벌어지면 오히려 반대로 이익을 보는 쪽이다. 전자를 일컬어 취약한 상태라고 부르며, 후자를 가리켜 반反취약한 상태라고 부른다.

돈 불리기의 관점에서 취약한 상태와 반취약한 상태가 어떻게 구별될 수 있는지 구체적인 예를 들어보자. 가령 목돈으로 1억 원을 갖고 있다고 하자. 이 돈을 은행에 맡겨두면 은행이 망하지 않는 한 돈이 어디로 가지는 않는다. 1년 이상의 정기예금에 들어두면 대략 물가상승률에 준하는 정도의 이자도 받는다. 이런 상태는 특별히 취약하지도, 반취약하지도 않은 그런 상태다. 이런 상태를 강건한 상태라고 부르기도 한다.

은행보다 이자율이 조금 더 높은 저축은행에 돈을 갖다 맡기면 어떻게 될까? 저축은행도 우량하고 건전한 곳이 분명히 없지는 않겠지만 아무래도 은행보다는 문제가 생길 소지가 더 있다. 연 1퍼센트 남짓의 이자를 더 받겠다고 들다가 원금 손실을 입지 말란 법이 없다. 이를테면 좀 더 취약한 상태가 된 것이다.

반면 1억 원 중 1,000만 원까지는 다 잃어도 괜찮은 경제적 상황이라고 해보자. 그래서 9,000만 원은 그냥 은행 예금으로 두고 나머지 1,000만 원으로 세계 각국의 주요 주식시장에 투자하는 여러 펀드를 샀다고 해보자. 이 경우, 최악의 상황은 원금 9,000만 원의 예금만 남는 것으로 앞에서 얘기했듯 크게 문제 될 게 없다. 반면 투자한 펀드 중에 수익이 크게 나오는 게 있으면 그만큼 고스란히 이익을 누릴 수 있다. 이런 상태가 바로 반취약한 상태다.

그렇다면 1억 원을 모조리 주식이나 펀드에 투자한 것은 어떨까? 말할 것도 없이 취약한 상태다. 1억 원을 모조리 잃을 가능성이 생겼기 때문이다. 하지만 반대로 그 이상으로 돈이 불어날 가능성도 생겼다. 그러면 반취약한 상태이기도 하다고 얘기할 수 있을까? 그렇지는 않다. 취약한 상태를 제거하는 것이 반취약한 상태의 첫 번째 전제 조건이기 때문이다.

앞에서 평균수익률이 높아도 어쩌다 한 번 큰 손실을 입으면 결과적으로 은행 예금만도 못함을 봤다. 다시 말해 취약한 상태가 되면 당장은 이익을 보는 것 같아도 결국에는 더 큰 손실을 입기 십상이라는 것이다. 그렇다면 이번에는 반취약한 상태가 취약한 상태와 비교해서 어떨지를 알아보도록 하자.

평균 연 수익률이 연 2퍼센트인 두 경우를 가정해보자. 첫 번째 경우는 10년 중 9년은 연 7.78퍼센트의 수익을 얻지만, 1년은 연 50퍼센트의 손실을 입는다. 두 번째 경우는 10년 중 9년 동안 매년 연 3.33퍼센트의 꾸준한 손실을 입지만, 1년만큼은 연 50퍼센트의 수익을 얻는다. 전자는 취약한 상태, 후자는 반취약한 상태라고 할 만하다.

결과는 어떨까? 100의 돈을 묻어두고 30년이 지나보면, 전자는 94.5라는 돈이 돌아온다. 연 2퍼센트라는 평균수익률이 무색하게 원금 손실이 발생했다. 반면 후자는 135.25의 돈을 되돌려 받는다.

열 번에 아홉 번을 매년 3퍼센트 이상의 손실을 입었지만, 어쩌다 한 번씩 얻은 50퍼센트의 이익에 힘입어 결국 돈이 불어났다.

숫자를 바꿔서 한 번 더 알아보자. 평균 연 수익률은 위와 똑같이 연 2퍼센트라고 하고, 취약한 경우 10년 중 한 번 입는 손실이 연 30퍼센트, 반취약한 경우 10년에 한 번 얻는 이익이 연 30퍼센트라고 가정하자. 연 2퍼센트의 평균수익률을 얻으려면, 각각 연 5.55퍼센트의 수익과 연 1.11퍼센트의 손실이 10년 중 9년 동안 발생해야 한다. 취약한 상태와 반취약한 상태는 전과 같지만 그 불확실성의 강도가 이전보다 약하다고 볼 만하다.

100의 돈을 30년간 운용했을 때의 결과는 전자가 147.46, 후자가 162.53이다. 취약한 쪽의 경우, 아까처럼 손실을 보는 정도는 아니었지만 이번에도 반취약한 쪽의 결과를 앞서지는 못했다. 같은 반취약한 경우라고 하더라도, 평상시의 손실이 연 3.33퍼센트로 더 컸던 아까의 135.25보다, 평상시 손실이 연 1.11퍼센트인 이번의 30년 후 금액인 162.53이 더 크다는 점도 주목할 만하다. 그러니까 반취약한 상태에서도 손실을 될 수 있는 한 작게 입는 것이 중요하다는 것을 알 수 있다.

앞에서 질 만한 리스크만 진다는 말을 했지만, 취약성과 반취약성의 관계는 질 만한 리스크라는 말에 대한 또 다른 관점을 제시해준다. 현재의 강건한 상태에서 출발해서, 생기는 부분의 최대치와 잃는 부분의 최대치를 비교해보는 것이다. 잃을 수 있는 최대 금액이 1,000만 원인 반면 생길 수 있는 최대 이익이 수천만 원 혹은 그 이상이라면 그건 반취약한 상태로 나아가는 길이 될 수 있다. 반면 가능한 최대 손실이 1,000만 원인 데 반해 생길 수 있는 최대 이익이 100만 원 정도에 불과하다면, 이는 취약한 상태로 전이되고 있다는 의미다.

한마디로 정리하자면, 불확실성이라고 다 같은 불확실성이 아니라는 것이다. 불확실성 자체에는 좋고 나쁨이 없다. 하지만 그러한 불확실성을 어떻게 받아들이느냐에 따라 돈 불리기의 결과가 달라진다. 불확실성을 적으로 돌리면, 즉 취약한 상태에 놓이면 불리하다. 반면 불확실성을 우군으로 만들면, 다시 말해 반취약한 상태를 지향하면 기쁠 일만 있다.

다각화에 엄밀하게
접근할 필요는 없다

'리스크를 져야만 수익을 얻을 수 있다'는 말 다음으로 업계가 좋아하는 말이 '다각화를 통해 리스크를 줄일 수 있다'는 말이다. 이는 특히 개별종목 중심으로 투자하기 쉬운 개인들을 대상으로 금융회사가 운용하는 펀드 성격의 투자상품을 권할 때 주로 하는 얘기다.

'계란을 한 바구니에 담지 말라'는 말은 오랫동안 상식적 지혜로 전해 내려온 말이다. 여기에 다각화의 핵심적인 메시지가 담겨 있다. 한 바구니에 담았다가 그 바구니를 떨어트리기라도 하면 갖고 있는 모든 계란이 깨지게 된다. 팔아서 돈을 벌 수도 없고, 먹을 수도 없다. 이러한 상식을 부인할 사람은 아무도 없다.

다각화의 효과를 한번 구체적으로 살펴보자. A와 B 두 종류의 투자상품이 있는데, 둘 다 기대수익률이 연 5퍼센트다. 그러니까 A

에 1,000만 원을 투자하든 B에 1,000만 원을 투자하든 기대수익률은 똑같이 연 5퍼센트다.

다각화의 효과를 얻으려면 A와 B 사이에 완벽하지 않은 상관관계가 있어야만 한다. 상관관계를 나타내는 변수가 바로 상관계수다. 상관계수는 −1부터 1 사이의 값을 갖는데, 완벽한 양의 상관관계가 있는 경우 상관계수가 1로 계산된다. 완벽한 양의 상관관계란 A의 수익률이 양이면 B의 수익률도 항상 양이고, 반대로 A의 수익률이 음이면 B의 수익률도 언제나 음인 그런 관계다.

만약 A와 B 사이에 완전한 양의 상관관계가 있다면 어떤 일이 벌어질까? A가 수익을 내면 B도 반드시 수익을 내고, A에 손실이 나면 B도 손실을 피할 수 없다. 그러니까 A에 1,000만 원을 투자하거나, B에 1,000만 원을 투자하거나, 혹은 A와 B를 어떠한 비율로 섞어 투자하거나 결과는 전적으로 동일하다. 다시 말해 이런 경우 다각화로 인한 효과를 전혀 기대할 수 없다.

일반적으로 투자자산들 간에 완전한 양의 상관관계는 거의 발견되지 않는다. 즉 불완전한 상관관계가 보편적인 현상이다. 그렇다면 다각화를 통한 긍정적 효과를 기대해볼 수 있다. 기대수익률이 연 5퍼센트라고 해서 반드시 예상한 대로 수익이 발생할 리는 만무하다. 연 5퍼센트 근방의 수익을 얻을 수도 있고, 그보다 큰 연 10퍼센트 이상의 수익을 얻는 경우도 있을 것이고, 또 연 마이너스 5퍼센트의 손실을 보는 일도 발생한다. 세 번째가 특히 문제가 되지만, 완전하지 않은 상관관계를 갖는 다른 자산에도 일부 투자했다면 그 자산에서 첫 번째 자산의 손실을 일부라도 메울 수 있는 수익을 얻을 가능성이 있다. 그게 바로 다각화의 긍정적인 효과다.

학계는 이를 좀 더 엄밀하게 계산하려는 입장이다. 각각의 투자자산의 기대수익률을 미리 알 수 있고, 그 수익률의 변동성도 미리 알 수 있으며, 거기에 더해 개별 쌍으로 구성된 투자자산 간의 상관계수마저도 알 수 있다면, 특정 목표 기대수익률에 대해 변동성을 최대로 낮추는 개별 자산들의 투자 비중을 구할 수 있다고 주장한다. 쉽게 말해 위의 A와 B 사이에 상관관계가 주어져 있으면, 이를 바탕으로 A와 B를 어떠한 비중으로 섞어야 하는지를 결정할 수 있다는 것이다.

위의 가정들이 모두 충족될 수 있다면 최적 비중을 구할 수는 있다. 하지만 실제의 투자에서 위의 가정들이 모두 성립되리라고 생각하는 것은 지나치게 순진한 기대다. 계산 결과를 그대로 신뢰하기보다는 하나의 참고 사항 정도로 여기는 게 안전하다.

다각화에는 오직 긍정적인 효과만 존재한다고 보는 것이 학계의 입장이다. '세상에 공짜 점심은 없다'고 하지만 실제로는 하나 있는데 그게 바로 다각화라는 말까지 할 정도다. 하지만 잘 생각해보면 다각화의 단점도 눈에 띈다. 무턱대고 다각화에만 의존하면 손실을 볼 자산들에도 투자를 하는 문제가 생긴다. 다시 말해 어디선가는 늘 손해를 입게 되는 것이다. 결과적으로 이도 저도 아닌 성과가 나타날 소지가 크다.

사실 다각화를 변동성을 줄이기 위한 방법으로 이해하기보다는 앞에서 말한 반취약성의 관점으로 이해하는 것이 좀 더 핵심에 다가간 관점이다. 아무리 좋은 것도 그것 하나에만 몰려 있다면 취약한 상태가 아니라고 말할 수 없다. 혹시라도 그 하나가 무너지는 날엔 같이 망하는 수밖에 없기 때문이다. 반면 여러 개로 나뉘어져 있으면, 하나가 무너져도 나머지들이 건재할 수 있으니 자체로 반취약하다.

정리하자면 이렇다. 다각화는 분명히 장점이 있는 방법이다. 하지만 기계적으로 접근할 사항은 아니다. 판단이 필요하고, 경우에 따라서는 건너뛰는 것이 더 나을 수 있는 방법인 것이다. 다각화를 하게 될 때에도 너무 엄밀하게 접근할 필요는 없다. 가진 돈의 큰 부분이 부동산에 노출되어 있는 일반인의 관점으로 보자면 더더욱 그렇다.

돈 불리기의 마찰과
변동성 항력

　돈 불리기의 마찰은 돈 벌기의 마찰과 성격이 조금 다르다. 돈 벌기의 마찰의 핵심은 세금이었다. 반면 돈 불리기의 마찰의 핵심은 수수료다. 세금을 고려할 필요가 없다는 말은 물론 아니다. 돈 불리기에서도 세금이라는 마찰은 여전히 중요한 고려사항이다. 하지만 수수료를 감안하지 않으면 잘못된 결정을 내리기 쉽다. 돈 불리기의 가장 큰 장애물 중의 하나가 바로 이 수수료라는 마찰이다.

　학계의 저널에는 무위험 초과수익을 달성하는 전략에 대한 논문이 끊임없이 발표된다. 이러이러한 기준으로 주식을 사고팔면 남다른 이익을 얻더라는 식이다. 물론 직접 거래한 결과는 아니고 종이 위에서 얻은 이익이다. 무슨 말인고 하니, 과거 특정 기간의 데이터에 대해 그 규칙을 적용시켜봤더니 이익이 나는 것처럼 보이더라는 것이다.

극히 예외적인 몇몇 경우를 제외하면, 이런 결과는 볼 필요도 없는 무용지물이다. 왜냐하면 대부분 마찰을 전혀 고려하지 않았기 때문이다. 사는 가격과 파는 가격을 구분하지 않고 중간 가격만으로 계산한 경우든, 그건 고려했지만 추가적으로 내야 하는 수수료를 무시한 경우든 결과는 같다. 실제로 거래해보면 그 약간의 차이 때문에 이익이 나던 것이 손실로 돌아선다. 혹은 부담하게 되는 리스크에 비해 이익이 크지 않아 채택할 이유가 없어진다.

이러한 문제를 해결할 수 있는 유일한 방법은 빈번한 거래를 최대한 자제하는 것이다. 이름 하여 가치투자자들이 주로 쓴다는 '바이 앤 홀드', 즉 매수를 결정하기 전에 신중하게 검토를 하고, 사기로 결정했으면 조금 이익 났다고 팔아버리지 말고 장기간 보유하는 투자 방법이다. 꼭 이 방법만이 유일한 투자 방법이라고 얘기할 수는 없겠지만, 수수료라는 마찰에 관한 한 이 방법의 장점은 명백하다.

이제 돈 불리기와 관련된 흥미로운 형태의 마찰 한 가지를 소개하려 한다. 어느 국가의 주식시장 전체 혹은 특정 산업에 속하는 회사들의 주식가격이 오르리라는 믿음이 있다고 하자. 그냥 여러 주식을 다각화해서 사는 것도 방법이지만 뭔가 아쉽다. 틀림없이 내 믿음대로 주가가 오를 걸로 생각되는데 그 수익만으로는 성에 차지 않아서다. '수익률을 두 배로 만들 수 있다면' 하는 바람이 간절하다.

실제로 수익률을 두 배로 키울 수 있는 비결이 있다. 돈을 빌리는 것이다. 예를 들면 현재 갖고 있는 돈은 100이고 지수도 100이다. 그러니까 갖고 있는 돈만으로 지수를 사면 1개 계좌의 지수를 사는 데에 그친다. 여기에 더해 100의 돈을 빌려와서 총 200의 돈으로 지수를 사면 2개 계좌를 확보할 수 있다. 돈은 이자 없이 빌렸다고 하자.

좀 더 구체적으로 들어가 보자. 어제 지수가 100일 때 200의 돈으로 2개 계좌를 샀다. 오늘 지수가 100에서 105로 5퍼센트 뛰었다. 내 2개 계좌의 돈은 105 곱하기 2하여 210이다. 여기서 빌려온 돈 100을 빼고 나면 순수한 내 돈은 110이다. 원래 100이었던 게 110이 되어, 수익률이 10퍼센트다. 지수 자체 수익률의 정확히 두 배다.

지수 수익률의 정확히 두 배를 목표로 한다면 내일 시장이 열리기 전에 조정을 좀 해줘야 한다. 기준 지수는 105이지만 내 돈은 이제 110이다. 따라서 빌리는 돈이 110으로 늘어야 한다. 이제 빌려온 돈 110을 포함한 전체 돈은 220이다. 이걸 지수 105로 나누면 계좌 수가 약 2.1이 된다. 어제보다 계좌 수가 늘어났음에 주목하자. 두 배의 수익률을 얻은 덕분이다.

다음 날 다시 시장이 열리고 이번에도 지수가 5퍼센트 올랐다고 하자. 숫자로 표현하면 105에서 110.25로 뛰었다. 약 2.1의 계좌 수에 110.25의 지수를 곱하면 231이라는 돈이 나온다. 여기서 빌린 돈 110을 빼면 진짜 내 돈은 121이다. 전날 110이었던 내 돈이 이번에는 121이 되었다. 내 돈이 늘어난 수익률은 정확히 10퍼센트다. 이번에도 지수 수익률의 정확히 두 배에 해당하는 수익률을 얻었다.

정리해보면 이틀간 지수가 100에서 110.25로 약 10퍼센트 상승하는 동안, 내 돈은 100에서 121로 21퍼센트 상승했다. 10퍼센트씩 두 번 상승한 결과다. 이보다 더 행복할 수는 없다. 지수가 오르는 상황에서 눈치 빠르게 빚을 내서 거래를 한 결과 두 배의 수익을 얻었다. 기쁜 나머지 "나는 돈 불리기의 신이다!"라고 소리 지르고 싶다.

이게 전부라면 빚을 내서 거래를 하지 않을 이유가 없을 듯싶다. 빚도 갖고 있는 돈의 한 배에 그칠 게 아니라 두 배, 세 배, 아니 열 배, 스무 배를 내야 한다. 열 배의 빚을 내면 발생하는 수익의 열 배로 추가 수익을 얻는다. 돈이 불어나는 것은 순식간의 일이다.

그렇지만 이것이 전부는 아니다. 다음과 같은 상황을 가정해보자. 내 돈 100과 지수 100에서 출발하는 것은 위와 같다. 그런데 홀수 번째 날에는 1퍼센트 오르고, 짝수 번째 날에는 1퍼센트 내려가는 것이다. 오르락내리락을 거듭한다. 그러다 40일째 되는 날에 지수가 103으로 올라간다. 등락을 거듭했지만 결국 40일 만에 3퍼센트의 이익을 얻는 상황이다.

위에서 설명한 방식대로 두 배의 레버리지로 거래했다면 내 최종 수익은 얼마가 될까? 두 배의 레버리지라는 말은 내 돈만큼의 빚을 내서 순수한 내 돈의 두 배의 돈으로 날마다 거래했다는 뜻이다. 실제로 계산해보면, 약 105.6이라는 돈이 최종 결과다. 두 배의 레버리지이므로 6퍼센트의 수익이 나야 하는데, 5.6퍼센트이니까 약간 못 미친다. 그래도 아무튼 3퍼센트보다 큰 수익이 났으니 됐다 싶다.

이번에는 등락의 폭을 조금 올려보자. 그러니까 홀수 번째 날에는 3퍼센트 오르고 짝수 번째 날에는 3퍼센트 내려간다. 40일째에 103이 되는 것은 위와 동일하다고 하자. 위의 방식대로 두 배의 레버리지를 걸어서 거래했다면 얼마나 나올까? 40일 후의 내 돈은 계산해보면 102.4 정도다. 100을 갖고 시작해서 2.4만큼 불어났으니, 레버리지 없이 그냥 투자한 것보다도 못한 수익률이다. 약간 고개를 갸우뚱하게 만드는 결과다.

그렇다면 이번에는 등락의 폭을 5퍼센트까지 높여보자. 홀수 번째 날에는 5퍼센트 오르고, 짝수 번째 날에는 5퍼센트 내려가며, 마지막 40일째에는 다시 103이 되는 시나리오다. 두 배의 레버리지로 거래하는 것도 동일하다. 최종 결과를 계산해보니, 96.1이 나온다.

어딘가 수식에 틀린 데가 있을까 싶어 다시 계산해봐도 결과는 마찬가지다. 원래 지수는 3퍼센트 이익을 냈지만, 두 배 레버리지로 거래한 결과 4퍼센트에 가까운 원금 손실을 입는다. 믿기지 않아서 두 눈을 비비고 다시 봐도 결과는 틀림없다. 분명히 손실이 난다.

이런 현상은 비단 레버리지를 걸었을 때만 나타나는 게 아니다. 지수를 공매도하는, 그러니까 지수가 수익을 내면 그만큼 손실을 입고, 반대로 손실을 입으면 수익을 내는 경우도 이 현상을 피해갈 수 없다. 홀수째 날에 5퍼센트 수익, 짝수째 날에 5퍼센트 손실을 입고, 40일째에 지수가 103이 되는 시나리오를 갖고 지수 일간 수익률의 마이너스 1배를 얻는 경우에 적용시켜보면, 40일 후의 최종 결과는 약 88이다. 지수가 3퍼센트 올랐으니 그의 마이너스 1배인 3퍼센트 손실로 그쳐야 할 것 같은데, 실제로는 거의 네 배에 해당하는 12의 손실을 입는다.

이러한 현상을 일컬어 '변동성 항력'이라고 부른다. 빚을 내서 레버리지 포지션을 가져갔을 때나 혹은 공매도를 했을 때 나타나며, 레버리지가 클수록, 등락의 폭이 클수록 그리고 시간이 길어질수록 점점 더 손실이 누적적으로 자란다. 변동성 항력은 수수료나 혹은 비드-오퍼 스프레드 때문에 생기는 것이 아니다. 그런 것들이 없어도 레버리지를 지고 거래하는 방식 때문에 나타나는 마찰의 한 종류다.

변동성 항력은 레버리지를 지는 투자상품에 고유한 돈 불리기의 마찰이다. 상장지수펀드나 상장지수증권에 레버리지가 있거나 혹은 인버스, 즉 지수를 공매도하는 경우, 바로 위에서 설명한 방식대로 결과가 나온다. 이런 유의 투기적 거래를 했다가는 기껏 방향을 맞혔음에도 불구하고 원금 손실을 볼 수도 있다는 사실을 꼭 기억하자.

앙드레 코스톨라니를 통해 본
투자와 투기의 본질

앞에서 돈 버는 법의 마무리를 로버트 기요사키에 대한 얘기로 했듯이 이번 돈 불리는 법도 한 명의 상징적인 인물에 관한 얘기로써 마무리할까 한다. 1906년 헝가리 태생으로 프랑스와 독일에서 주로 활동했던 앙드레 코스톨라니가 그 주인공이다. 보통 투자의 영역에서 유명한 사람들은 꼭 영미인이 아니더라도 미국이나 영국의 금융시장에서 활동한 사람들이기 쉽다. 코스톨라니는 유럽 대륙의 금융시장에서 거래하면서 부와 명성을 거머쥔 가장 대표적인 인물이라고 할 수 있다. 그에게는 '유럽의 버핏'이나 '주식의 신'이라는 칭호가 따라붙는다.

그는 『돈, 뜨겁게 사랑하고 차갑게 다루어라』를 비롯한 열세 권의 책을 취미로 남겼는데, 그중 네 권은 우리나라에도 번역돼 나와 있다. 오래전 얘기이고, 번역서가 나온 지 꽤 오래되었음에도 불구하고 현재도 그 인기가 만만치 않다. 읽어보면, 천당에서 지옥까지 최소 수십 번 이상 갔다 온 경험에서 나올 수 있는 식견과 유머가 느껴진다.

예를 들면 이런 식이다. 코스톨라니는 70년에 이르는 그의 주식 인생에서 내부정보를 이용해 돈을 번 것이 겨우 네 번밖에 없었다고 털어놓았다. 사실 주식 한다는 사람치고 이 내부정보를 찾아다니지 않는 사람은 드물다. 아니, 적극적으로 찾아다니지는 않는다고 하더라도 최소한 누군가 귓속말을 해주면 솔깃해한다. 물론 이 모든 행위는 불법이다. 하지만 "주식 투자는 원래 그렇게 하는 것"이라는 후진적 인식은 잘 바뀌지 않는다.

그러면 코스톨라니는 그런 나쁜 짓에 의존하지 않고 거의 대부분의 경우 자신의 실력으로 돈을 불렸다고 자랑하는 걸까? 그게 아니다. 그에 의하면, 그 네 번 중에 두 번은 정보가 알려주는 대로 해서 이익을 봤고, 나머지 두 번은 정보를 거스르고 거꾸로 함으로써 이익을 냈다는 것이다. 내부정보대로 했다가 돈을 까먹은 것은 너무 많아서 이루 셀 수도 없을 정도라고 했다. 그는 주식거래자의 행동 수칙 제1조 1항을 다음과 같이 정의했다. "아무리 확실한 정보라도 전혀 예상 밖의 결과를 낳을 수 있다." 돈에서 불확실성보다 중요한 것은 없다고 코스톨라니도 생각한 모양이다.

코스톨라니가 했다는 거래들을 보면 다양하기 그지없다. 그를 가리켜 전설적인 주식투자자라고 부르지만, 그는 마진 거래도 해봤고, 외환 거래에도 일가견이 있었으며, 파생 거래의 달인이었고, 원자재와 채권을 가지고 놀았다. 코스톨라니는 스스로를 투기자라고 불렀다. 그는 확실히 뭘 좀 아는 사람이다.

나는 투자와 투기를 엄격하게 구별해야 한다고 생각한다. 빚을 지면 투기요, 내 돈만 갖고 하면 투자라는 나름대로의 기준을 과거에 제시해봤지만 별 반향이 없었다. 대부분의 사람들은 자기 좋을 때는 투자가 되고 남들 욕할 때는 투기가 되는 딱 그 정도의 현실이 충분히 만족스러운 듯했다.

그래서 더 진화된 기준을 제시하려 한다. 아주 간단하다. 금융시장에서 행해지는 거래행위는 모조리 투기다. 여기에 투자는 없다. 투자는 오직 개인과 기업이 자신의 돈 버는 법을 더 잘하기 위해 돈을 미리 쓰는 행위만을 지칭하는 걸로 이해하자는 것이다. 그러니까 회사라면 설비 증설이나 현대화, 연구 개발, 직원 교육 이런 것들이 투자다. 국내총생산을 계산할 때 정부, 기업, 가계로 나누고 이들의 지출을 각각 재정, 투자, 소비라고 불렀던 것을 상기하면 좋을 듯하다. 다시 말해 경제학에서의 투자가 진짜 투자지, 재무론에서의 투자는 투자가 아니다.

바로 위에서 회사가 연구 개발이나 직원 교육 등에 돈을 쓰는 것을 투자라고 불렀지만, 이러한 생각은 현재의 일반적 회계기준과

다르다. 그런 행위들은 비용으로 처리될 뿐, 자산으로 계산되지 않는다. 회계 자체가 자본가, 좀 더 정확하게는 은행의 관점에서 만들어졌기 때문에 이러한 불일치는 전혀 놀라운 일이 아니다. 돈으로 돈을 만들어내려는 투기의 대상만이 자산으로 인식될 뿐이다.

금융시장에서의 거래행위에 땀을 흘려 돈을 제대로 벌겠다는 생각은 없다. 그냥 돈을 불리고 싶을 뿐이고, 수단과 방법도 가리지 않는다. 그래서 이 행위들은 장기건, 단기건, 매수건, 공매도건, 그냥 투기다. 싼값에 사서 언젠가 비싼 값에 팔아 돈을 남겨보겠다는 것, 그게 바로 투기의 정의다. 코스톨라니가 전해주는 "증권거래소는 음악이 없는 몬테카를로다"라는 옛 속담이 시사하듯 말이다.

돈 불리기의 마에스트로인 코스톨라니에게 실물경제와 금융 중 어느 것이 더 중요하냐고 물으면 왠지 후자를 택할 것 같지만 천만의 말씀이다. 그는 "내 대답은 확고부동하다. 당연히 실물경제가 우선이다"라고 말했다. 그는 이를 오페라에서 가사와 음악 중 어느 것이 중요하냐는 입씨름에 비유했다. 오페라에서 가사가 안 중요한 것은 아니지만, 음악만큼의 결정적인 역할을 하지는 못한다는 것이다. 마찬가지로 금융은 부차적인 문제다. 돈 벌기와 돈 불리기 중 더 중요한 것은 돈 벌기라고 얘기했다고 이해해도 무방하겠다.

시장의 자유방임주의에 대한 코스톨라니의 생각도 보편적인 예상을 뒤엎는다. 그는 우선 18세기 프랑스의 법복귀족이자 계몽 사상가였던 몽테스키외가 한 말을 인용한다. "거래의 자유란 상인들이 모든 일을 임의로 행할 수 있다는 것을 의미하지 않는다. 그리고 상인의 자유를 제한하는 것이 무조건 거래의 자유를 방해하지도 않는다." 이어 그는 시장이 모든 것을 알아서 결정한다는 완전한 자유방임주의는 "정글을 낳고, 그 결과 마침내 위험하기 그지없는 상황을 맞이하게 된다"고 썼다. 그리고 시장이라는 정글에 천사들만 살면 모르겠지만, 실제로는 교활하고 거친 야수들이 자기들끼리 싸울 뿐더러 멀쩡한 관람객까지 물어뜯으려 들기 때문이라고 그 이유를 설명했다.

금융 전문가에 대한 그의 생각은 신랄하다 못해 웃음을 자아낸다. 그에 따르면, 증권시장에서 전문가의 조언에 따라 돈을 불리면 성공이라 할 수 있고, 전문가의 도움을 받지 않고 돈을 불리면 더 큰 성공이다. 하지만 최고의 성공은 바로 전문가의 조언과 정반대로 해서 돈을 불리는 것이다. 그는 증시의 전망을 누구보다도 잘할 수 있다는 자칭 이 분야의 대가들을 만나면 다음과 같은 질문을 떠올린다고 했다. "배의 길이가 20미터, 너비가 4미터, 높이가 4미터라면, 그 배를 운항하는 선장의 나이는 몇 살일까?" 이걸 맞힐 수 있다는 사람들의 얘기를 들으면 아마도 선장은 몹시 기분 나빠할 것이다.

돈을 쓰는 법

5장

제1원칙은
제대로 쓰고 싶은 일을 정하는 것

이 책을 쓰기로 결정하기 전에 가장 고민했던 부분이 바로 이번 장의 주제였다. 돈 불리는 법에 대해서는 할 얘기가 무궁무진하고, 돈 버는 법에 대해서도 충분히 할 얘기가 많지만, 돈 쓰는 법은 막막했다. 돈을 어디에 써야 하고, 왜 써야 하고, 어떻게 써야 하는지야말로 전적으로 개인의 가치관에 달린 문제라서다.

이전에 썼던 책『돈은 어떻게 자라는가』의 끝부분에서 찰스 디킨스의 『크리스마스캐럴』을 언급하면서 어떻게 돈을 쓸까의 문제는 문학, 철학, 사회학 그리고 윤리학의 문제라고 했다. 쉽게 논할 수 없는 문제로, 당시 내가 얘기할 수 있는 영역 외의 일이라고 말이다. 그리고 지금도 본격적으로 그 영역을 논하기에는 모자람이 있다.

그렇다고 무조건 돈 쓰기는 각자가 알아서 할 문제라고 치부해 버리기에는 그 소임이 실로 중대하다. 사실 조금만 생각해보면, 돈을 벌고 불리는 것보다 더 중요한 것이 돈을 쓰는 것이다. 사회에 미치는 영향이란 면에서 보자면, 돈이 얼마나 많으냐가 중요한 게 아니라 얼마가 되었건 그 돈을 어떻게 쓰느냐가 먼저다. 그 영향은 긍정적인 것일 수도 있고 반대로 부정적인 것일 수도 있다. 다시 한 번 얘기하지만 돈은 목표가 아니라 도구다. 똑같은 칼을 갖고도 누구는 맛있는 요리를 만들고 누구는 강도질에 나선다. 돈을 쓰는 것도 그렇다.

바로 위에서 거창하게 사회적 영향력 운운했지만 보통의 일반인들에게 그런 얘기는 사실 별로 가슴에 와 닿지 않는다. 팍팍한 살림에 하루하루 버텨나가고 있는 입장에서 재산을 기부하고 선행을 행하는 등의 얘기는 먼 남의 일처럼 들릴 뿐이다. 그저 금전적 어려움을 일거에 해결할 수 있는 마법과도 같은 방법이 있을까 궁금할 따름이다.

안타깝지만 미리 밝혀두어야겠다. 그런 방법은 유감스럽게도 없다. 생계를 위해 지출해야 하는 돈을 줄이는 데에는 한계가 있다. 단지 먹고 입고 자는 것만으로도 적지 않은 돈이 나간다. 어디 그뿐이랴. 집에만 있을 수 없으니 교통비도 써야 하고, 사람들과 소통하지 않을 수 없으니 교제비나 스마트폰 통신비도 필요하다. 이조차도 다 끊고 살 수는 있다. 하지만 그건 단지 생존하는 것일 뿐, 꿈꾸는 미래는 없다. 다시 말해 무조건 쓰지 않는 것은 방법이 아니다.

돈 쓰는 법에서의 제1원칙은 제대로 쓰고 싶은 일을 정하는 것이다. 써야 한다면, 안 쓸 수 없다면, 그때는 제대로 쓸 일이다. 그렇다면 무엇이 제대로일까? 그건 각자가 살면서 해보고 싶고 이루고 싶은 것이 무엇이냐에 달렸다. 어느 누가 얘기해줄 수 없는 문제다. 치열한 고민과 용기 있는 시도를 통해 그걸 만들어내는 것이 모든 사람이 풀어야 하는 삶의 숙제다.

사람은 누구나 타고난 재능이 있다. 스스로 좋아하고, 좋아하니 잘하게 되고, 잘하게 되니 더 좋아하게 되는 일이 있기 마련이다. 그것은 학교에서 시험성적을 잘 받고, 직장에서 윗사람에게 아부해 승진하는 것과는 다른 일일 수 있다. 학교를 거치다 보면 그게 무엇이었는지 잊어버리기 십상이다. 학교교육이 여러분의 다양한 잠재력을 개발하는 데 별로 관심이 없기 때문이다. 그저 시키는 대로 의문을 갖지 않고 잘 외우는 사람이 우등생으로 대접받는 곳이 현재의 학교다.

예를 들어보자. 영국의 케임브리지대학 학부에 영어 전공으로 입학하기는 매우 어렵다. 그런데 아이러니하게도 이 학교 영어 전공 졸업생의 거의 대부분은 막상 영어를 업으로 삼지 않는다. 그러나 그들은 영국 사회의 각 분야에서 대개 중요한 일을 맡는다. 앞의 3장에 나왔던 핸디가 케임브리지대학의 영어 교수에게 물었다.

"졸업생들이 나중에 중요한 일을 맡곤 하는데, 그들이 미래에 맡게 될 막중한 책임을 준비할 수 있도록 어떤 조언이나 도움을 주고 있습니까?"

영어 교수는 대답했다.

"내가 알 바 아니죠. 학생들은 영어로 된 글을 읽기 위해 우리 과에 오고, 그리고 그걸 읽는 게 그들의 일이에요. 그 외의 것들은 길거리에서 그들이 알아서 직접 익혀야 합니다."

사정은 어디나 크게 다르지 않을 것 같다. 이러니 정작 자신이 정말로 잘할 수 있고 하고 싶은 일을 직접 찾을 수밖에 없다.

그게 정해지고 나면 그다음은 저절로 따라 나온다. 그게 음악을 하는 것일지, 옷을 만드는 일일지, 남다른 음식을 만드는 일일지, 혹은 글을 쓰는 것일지는 알 수 없다. 사람마다 다를 것이다. 하지만 그렇게 정한 일이 바로 삶의 가치 있는 목표임에는 틀림이 없다. 한 가지여야만 할 이유도 없다. 순차적으로 혹은 동시에 여러 가지 목표를 가질 수도 있다. 그게 필요가 되고 소망이 된다. 돈을 어디에 어떻게 쓸 것인가를 정하고 나면 돈 벌기와 돈 불리기는 이제 이의 종속변수다. 저절로 돈은 목표에서 수단으로 제 위치를 찾아간다. 미국의 영화사 디즈니를 만든 월트 디즈니는 이를 두고 다음과 같이 말했다.

"돈을 벌기 위해 영화를 만드는 것이 아니라, 더 많은 영화를 만들기 위해 돈을 벌어야죠."

사회 각 분야에서 성공한 사람들은 거의 예외 없이 큰돈을 갖고 있다. 하지만 그 사람들에게 돈을 목표로 했느냐고 물어보면 그렇다고 대답하는 사람은 정말로 드물다. 대부분은 자신의 일이 좋아서 하다 보니 여기까지 오게 됐다고 대답한다. 어쩌면 자신이 평생을 걸고 하고 싶은 일을 만들어내는 것이 궁극의 돈 버는 법일지도 모른다.

엔지니어 중의 엔지니어, 엘론 머스크는 그런 면으로 모두의 귀감이 된다. 그는 인터넷 지급결제회사 페이팔을 공동 창업해서 2,000억 원에 가까운 돈을 벌었다. 그 정도면 평생 저택에, 스포츠카에, 요트에, 샴페인에 펑펑 낭비해도 다 못 쓸 돈이다. 그러나 그가 돈을 쓰고 싶은 대상은 따로 있었다. 그의 말을 옮겨보자면 이렇다.

"말도 안 되는 소리로 들린다는 것을 나도 잘 압니다. 그러나 인류가 다른 행성에서 살기를 바란다면 많은 사람을 화성으로 이동시키는 방법을 생각해볼 필요가 있어요. (중략) 내 목표는 10~15년 뒤에 우주선을 타고 화성에 가는 것입니다. 나는 (은퇴해서) 화성에서 죽고 싶습니다. 착륙하다가 죽는 것은 제외하고요."

이 황당무계하게 들리는 목표가 머스크가 돈을 벌어야겠다고 결심한 이유였다. 화성에 가려면 우선 우주선을 개발해야 하고, 그 우주선이 사람을 태우고 화성에 무사히 착륙할 수 있어야 하며, 착륙

한 다음에는 화성에서 생활할 수 있어야 한다.

그래서 머스크는 우주로켓을 개발하는 회사 스페이스 엑스를 세웠고, 수직으로 재착륙이 가능한 로켓 팰콘 9를 만들었으며, 또한 화성 정착지에 필요한 태양광 발전시설, 전기자동차, 초고속 운송수단을 만드는 솔라 시티, 테슬라 모터스, 하이퍼루프 트랜스포테이션 테크놀로지스라는 세 개의 회사를 세웠다. 그러고는 갖고 있는 돈 2,000억 원을 남김없이 모두 쏟아부었다. 이 과정에서 그가 얼마나 큰 희열을 느꼈을지 짐작해볼 따름이다. 2016년 4월 시점의 머스크 개인 돈은 약 14조 원이다.

물론 모두가 머스크가 될 수는 없다. 14조 원의 돈을 갖기도 쉽지 않다. 하지만 머스크가 했던 것처럼 스스로의 피를 들끓게 하는 대상을 만들어 그에 매진하는 것은 누구나 할 수 있는 일이다. 이 책의 순서와 무관하게, 돈 쓰고 싶은 일을 먼저 정하고 그다음에 돈 벌기와 돈 불리기를 바라보는 게 올바른 순서라는 뜻이다.

기회비용과
매몰비용의 문제들

돈 쓰는 법에서 빼놓을 수 없는 다음의 두 가지 사항에 대해 알아보자. 용케도 이 둘은 모두 '비용'이라고 불린다. 이름 하여 기회비용과 매몰비용이다.

먼저 기회비용에 대해 얘기해보자. 교과서적인 정의에 의하면, 어떤 것의 기회비용은 '그것을 얻기 위해 포기한 것들의 가치'다. 어려운 단어가 없음에도 불구하고 단박에 가슴에 와 닿지 않는다.

기회비용이라는 개념의 역사적 유래를 살펴보면 그 개념에 좀 더 직관적으로 다가갈 수 있다. 18세기 미국의 대표적 르네상스맨이었던 벤저민 프랭클린은 그의 나이 21세 때 열세 가지 덕목의 리스트를 만들었다. 스스로의 덕성을 기르기 위해서였다. 그중 다섯 번째 항목이 검약이었고, 여섯 번째 항목이 근면이었다. 앞에서 나온 '시간은 돈이다'라는 말을 만들기도 했던 프랭클린은 뭔가 일을 하면 돈을 벌 수 있는데도 불구하고 게으름을 피우고 있는 것은 그만큼 벌 수 있는 돈을 낭비한 것과 같다고 주장했다.

'깨진 유리창의 역설'은 기회비용의 개념이 좀 더 명시적으로 드러난 일화다. 프랑스의 프레데릭 바스티아가 19세기에 쓴 책에 나오는 이 우화는 한 소년이 구둣방의 유리창을 실수로 깨트린 사건으로 얘기가 시작된다. 구둣방 주인의 입장에서는 깨진 유리창을 갈아 끼우기 위해 돈이 나가서 불행한 일이지만, 사회 전체적으로 보면 그가 유리 수선공에게 지불한 돈이 돌고 돌아서 결과적으로는 잘된 일일 수도 있다고 얘기하는 사람들이 당시에 있었던 모양이다.

바스티아는 그렇지 않다고 주장했다. 유리창을 고치는 데 돈이 들지 않았다면 구둣방 주인은 그 돈으로 본인에게 유용한 다른 많은 일을 할 수 있었으리라는 것이다. 가령 새 바지를 사 입는다든지 혹은 푸아그라 같은 평소에 먹기 어려운 요리를 사 먹었을 수도 있다. 그리고 그렇게 구둣방 주인이 지불한 돈도 위에서처럼 사회 내에서 돌고 돌기 마련이다. 그렇게 보면 구둣방 주인 입장에서는 유리창이 깨진 것은 유감스럽기만 한 일이다.

그러니까 기회비용이란 선택의 상황에서만 의미를 갖는다. 한 가지를 택하면 자동적으로 나머지 대안들은 선택될 수 없는데, 그 선택되지 못한 대안들을 택했더라면 얻게 되었을 효용 같은 것들을 기회비용이라는 이름으로 부르는 것이다.

돈 버는 법에서의 기회비용이란, 이를테면 어떤 한 직업을 택한 결과로 택하지 못한 나머지 직업들을 통해 벌 수 있었을 것으로 예상되는 돈이다. 예를 들어, 의대를 갈까 아니면 공대를 갈까 고민하다 의대를 택한 경우, 공대를 갔었더라면 벌 수 있었을 돈이 의대 선택의 기회비용이다. 혹은 A 제품과 B 제품 중에 A 제품을 택했는데, B 제품을 택했더라면 벌 수 있었던 돈이 A 제품의 기회비용이다.

짐작할 수 있겠지만, 이러한 기회비용을 미리 정확히 안다는 것은 한마디로 불가능한 일이다. 각각의 대안들에 내재되어 있는 불확실성 때문이다. 그러면 사후적으로는 알 수 있나 하면 그렇지도 않다. 선택하지 않은 대안의 결과를 알 수 있어야 하는데 평균은 알 수 있을지 몰라도 개별적인 경우를 알 방법이 없다. 그러니 사후약방문처럼 뭔가를 비난하는 용도 말고는 별로 쓸 데가 없다.

흔히 저지르는 실수로, 기회비용이 높은 선택지는 나쁜 대안이라고 착각하기 쉽다. 그러나 그렇지 않다. 어떤 선택지의 기회비용이 높다는 뜻은 그 선택지가 잘못됐다는 게 아니라 그 사람이 갖고 있는 대안이 풍부하다는 것을, 즉 선택의 폭이 넓다는 의미다. 선택할 대안이 많아서 나쁠 일은 거의 없다. 반대로 선택 자체가 불가능한 상황이라면, 즉 대안이 하나뿐이라면 그 대안의 기회비용은 0이다. 이보다 더 나쁜 일은 없다.

또한 두 대안의 기회비용이 같다고 해서 두 대안이 동등하냐 하면 그렇지도 않다. 다음의 예를 보자. 대안 A를 택하면 10의 돈을 벌고, B를 택하면 8, C를 택하면 6의 돈을 번다고 하자. A의 기회비용은 8, B와 C의 기회비용은 10이다. 그러니까 B와 C는 기회비용 관점에서 동등하지만 이 두 대안은 결코 동등하지 않다. 말할 필요도 없이 B가 C보다 더 나은 대안이다.

위와 같은 예를 보건대, 사실 기회비용이라는 개념이 꼭 필요한 것인지 의문스럽다. 여러 가지를 동시에 선택하는 게 가능하다면 기회비용을 따질 필요 없이 그냥 다 가지면 된다. 하지만 그런 상황은 별로 없을 테고 일반적인 경우라면 오직 한 가지만을 선택할 수 있다. 그때 내가 가장 최선이라고 생각하는 대안을 택하면 될 일이다.

다시 말해 기회비용이라는 개념을 동원하지 않아도 돈 버는 법에서의 선택의 문제를 충분히 다룰 수 있다. '가장 좋은 대안을 선택하는 것이 최선'이라고 해도 될 것을 굳이 '기회비용이 제일 낮은 대안을 선택하는 것이 최선'이라는 식으로 배배 꼬아서 얘기할 필요는 없을 것 같다. 한마디로 기회비용은 실제로 나간 돈이 아니다.

기회비용과는 달리, 매몰비용은 중요한 개념이다. 매몰비용이란 무언가를 위해 이미 과거에 나간 돈이면서 직접적으로 되찾을 수 없는 돈을 말한다.

돈 버는 법에서 매몰비용이 중요한 이유는 여기에 얽매이지 않아야 하기 때문이다. 예를 들어보자. 장사를 하기 위해 조그만 상가를 임대하려면 건물주에게 보증금과 임차료를 줘야 한다. 보증금은 나중에 장사를 접으면 돌려받을 돈이고, 임차료는 상가를 빌린 대가로 매달 내는 돈이다. 이에 더해 전에 장사하던 사람에게 권리금이라는 것을 주는 경우가 있다. 그렇게 준 권리금을 되돌려 받을 방법은 없고, 다만 내가 장사를 그만둘 때 새로 상가에 들어오는 사람에게서 얼마가 될지 모르지만 권리금 명목으로 받을 가능성이 있다. 그렇게 권리금으로 1억 원을 썼다고 하자.

그런데 막상 장사를 해보니 도저히 수지가 맞지 않아 적자가 누적된다고 하자. 앞으로 시간이 간다고 해도 이런 상황이 달라지지 않을 것 같다고 판단되면 하루라도 빨리 장사를 접는 게 상책이다. 하지만 새로 상가를 임차하겠다는 사람이 나타나지 않는 한 권리금을 받을 방법은 없다. 그때 처음에 나간 1억 원이 아까워 장사를 그만두지 못하는 것, 그게 바로 매몰비용에 얽매인 경우다. 과거에 많은 돈을 썼다는 이유 때문에 돈이 벌리지 않는 일을 계속하는 것은 올바른 결정이 아니다.

매몰비용의 개념은 직접 돈이 나가지 않는 상황에도 적용될 수 있다. 예를 들어, 경제학을 공부하는 게 괜찮을 것 같아 경제학과를 택했다고 하자. 그렇게 2년을 공부해보니 전망이 별로 밝지 못하다는 생각이 들었다고 하자. 그때 남은 기간 같은 공부를 해서 학부를 마치는 것보다 시간이 좀 더 걸리더라도 다른 공부를 하는 게 낫겠다고 판단했음에도 불구하고, 지나간 2년의 시간이 아까워 경제학을 포기하지 않는 것 또한 매몰비용에 연연한 잘못된 결정의 예다.

자본주의 시스템에
현혹당하지 않기

스스로의 피를 들끓게 하는 대상을 만들라는 말을 오해하면 전혀 엉뚱한 일을 저지르게 된다. "당신의 가치와 잠재력을 세상에 펼쳐 보이세요!" 하며 우리의 눈과 귀를 미혹하는 자들이 있어서다. 그들에게 당신의 가치는 당신이 소유한 물건과 좀 더 정확히는 그 물건의 가격에 의해 결정된다. 당신의 잠재력이란 그런 물건을 살 수 있는 능력, 즉 돈의 많음에 다름 아니다.

그들은 당신의 얼마 안 되는 수입과 목돈을 끊임없이 노린다. 돈 쓰는 법에 대해 어떤 거창한 얘기를 하더라도 기본적으로 준수해야 하는 원리는 여전하다. 어떤 이유를 대든 간에 쓰는 돈을 버는 돈 이내로 통제하지 못하면 돈의 걸음마도 아직 떼지 못한 것과 같다. 더구나 낭비해도 될 만큼 여유가 있는 게 아니라면 꼭 필요한 곳 이외의 지출은 결코 바람직하지 못하다.

자본주의의 소비 마케팅은 꼭 필요하지 않은 지출을 하게 만든다. '갖고 싶다'는 욕구를 일으켜 우리의 돈을 빨아들이는 것이다. 특히 우리나라는 이런 면으로 수위를 다툰다. 어떤 물건의 가격이 싸면 더 많이 팔리고 반대로 가격이 비싸면 적게 팔리는 것이 일반적인 현상이다. 그런데 역설적으로 가격을 비싸게 매겨야 제대로 팔리는 게 우리의 현실이다. 경제학 교과서가 이상현상이라고 치부하는 베블런재Veblen Goods의 천국인 셈이다. 소비가 합리적 소비가 아니고 과시적 소비인 경우가 많기 때문이다.

그래서 한국의 소비자는 세계 기업들의 봉이다. 독일의 이른바 자동차 3사의 국내 판매가격은 독일이나 미국 가격에 비해 너무 비싸다. 그래도 좋다고 산다. 돈을 더 많이 쓴 만큼 내가 산 차가 명품이라며 오히려 좋아한다. 보다 합리적인 가격을 제시하는 다른 나라 차를 사는 사람들을 '너희 차는 값이 싸서 명품이 아니잖아!' 하며 속으로 깔보기도 한다.

차만 그런 게 아니다. 영국의 가전업체 다이슨의 날개 없는 선풍기는 미국에서 300달러, 우리 가격으로 36만 원이지만 우리나라에서는 50만 원을 호가한다. 같은 회사의 가습기는 500달러, 우리 돈으로 약 60만 원이지만 국내 판매가격은 90만 원이다. 다이슨 입장에서는 더 싼 가격에 내놓으면 오히려 판매 대수가 줄어드는 문제가 있다. 그렇다면 비싸게 내놓지 않을 이유가 없는 것이다.

말도 안 되는 가격으로 이익을 취하는 회사의 정점은 디자이너 브랜드들이다. 에르메스, 루이비통, 샤넬 등은 매년 국내 판매가격을 올린다. 유로-원 환율이 올라서 국내 가격이 오르면 모르겠지만 떨어지는 경우에도 예외 없이 올린다. 국내 소비자들은 이유 불문하고 좋다고 산다. 물건을 구할 수 없어서 1, 2년의 기간을 기다리는 것쯤은 일도 아니다.

좀 더 극단적인 예는 바로 이러한 '명품'을 장만하기 위해 두세 달 아르바이트를 하는 경우다. 그렇게 모은 돈으로 100만 원짜리 지갑 하나 사놓고는 신줏단지 모셔놓은 듯 자랑스러워한다. 이제 나도 L사의 제품을 소유한 '가치 있고 고귀한' 사람이 되었다고 착각하는 것이다.

회사들은 이런 돈도 결코 등한시하지 않는다. 이 돈을 빨아들이기 위해 가격대별로 촘촘하게 물건을 내놓는다. 비즈니스스쿨에서는 이를 '가격 차별화'라고 부른다. 모든 구매력 계층을 망라해 이익을 극대화하기 위한 회사들의 상술이다. 그렇게 우리의 지갑을 산 사람이 언젠가는 1년 치 아르바이트한 돈으로 가방을 하나 사게 될 가능성도 염두에 둔 포석이다.

안타까운 사실은, 본인은 명품 지갑을 갖게 되었음에 자부심을 느낄지 몰라도 막상 개당 수백만 원 넘는 같은 회사 가방을 몇 개씩 아무렇지도 않게 사는 졸부들은 이런 지갑을 사는 사람들을 깔본다는 점이다. 그리고 더 큰 안타까운 사실은, 세 달 참아서 지갑 하나 갖게 된 기쁨은 생각보다 별로 오래가지 않는다는 점이다. 이러한 허영심이 가라앉을 때쯤이면 허탈함과 이유 모를 갈증이 더 크게 밀려오기 마련이다. 물건을 통한 행복은 한시적이다. 왜냐하면 그보다 더 비싸고 더 좋은 물건이 항상 있기 때문이다.

심리학자 에이브러햄 매슬로는 인간의 욕구를 7단계로 나눴다. 제일 저변에 있는 것이 우선적으로 충족되어야 하는 하급의 욕구이고 단계가 올라갈수록 보다 상급의 욕구가 나타난다. 이를테면 음식, 물, 공기, 잠 등은 1단계의 생리적 욕구이고, 그 위에 안전의 욕구, 소속감과 애정의 욕구, 존경의 욕구, 인지적 욕구, 심미적 욕구 등이 차례로 있다.

명품에 대한 욕구는 어느 단계에 속할까? 개중에는 이를 '자아실현의 욕구'로 분류하는 사람들도 있다. 이는 매슬로의 욕구 7단계 중 가장 높은 단계의 욕구다. 사치품 하나 사는 것을 자아실현이라고 부르면 세상에 해결하지 못할 문제는 하나도 없다. 그냥 세금 걷어서 전 국민에게 지갑을 하나씩 나눠주면 된다. 단 50조 원으로 모든 국민의 자아실현을 이룬다면 얼마나 좋으랴.

시스템이 조장하는 위와 같은 욕구는 매슬로의 욕구 7단계 밖에 존재하는 부정적 욕구다. 욕구로 번역했지만 1943년 매슬로가 원래 논문에서 쓴 단어는 니즈needs로, 인간의 발달에 대한 심리적

동기가 그의 관심사였다. 그러니까 긍정적인 발전과 무관한 일련의 감정은 여기에 차지할 자리가 없다. 사람들 위에 군림하려는 권력의 욕구나 강제력의 동원에서 희열을 느끼는 폭력의 욕구와 어깨를 나란히 하는 대상이다.

그렇기 때문에 '필요한 것'과 '원하는 것' 그리고 '좋아하는 것'을 잘 구별해야 한다. 우선 어떤 것이 생존에 불가결한 것이라면 이는 필요한 것이다. 미래를 위한 준비에 소요되는 것도 필요한 것으로 분류할 수 있다. 필요한 것에 대한 돈 쓰기를 줄이겠다는 것은 지나친 일이다.

한편 원하는 것과 좋아하는 것의 구별은 조금 까다롭다. 표면적으로 보면 어떤 대상을 원하는 것과 좋아하는 것은 그게 그것처럼 보인다. 하지만 신경의학과 뇌 과학이 밝힌 바에 따르면 둘 사이에 결정적인 차이가 있다. 전자는 중독의 결과일 수 있지만, 후자는 아니라는 점이다. 예를 들어, 마약에 중독된 사람은 미칠 듯이 마약을 원하고, 그게 중독의 본질이다. 쥐를 대상으로 한 실험에서는 뇌의 특정 부위를 자극하면 음식을 원하게 만들 수 있다. 그렇지만 그런 상태로 음식을 먹으면 즐거움의 징후가 나타나지 않는다.

물론 좋아하는 것을 아예 도외시할 수는 없다. 그것도 분명히 삶의 일부요, 이유다. 그러나 한계는 있어야 한다. 좋아함이 어느 선을 넘으면 그때부터는 중독적 원함으로 바뀐다. 이러한 영역에 돈을 쓰는 것은 정당화하기 어렵다.

　자본주의는 선택의 자유를 표방한다. 자유는 물론 필요하고 중요하다. 그러나 자유에도 종류가 있다. 가령 20세기 영국의 사상가 이사야 벌린은 긍정적인 자유와 부정적인 자유를 구별했다. 부정적 자유는 제약이나 속박으로부터 벗어날 수 있는 자유인 반면 긍정적 자유는 내가 원하는 것을 할 수 있는 자유다. 이 두 자유는 경우에 따라 서로 충돌하기도 한다. 나아가 긍정적 자유가 항상 긍정적인 결과를 가져오는 것도 아니다. 위에서 언급한 마약의 사례를 떠올리면 충분하리라. 선택할 수 있는 상품의 증가가 꼭 우리가 필요로 하는 자유의 증대는 아닐 수 있다는 얘기다.

자신에 대한 투자와
소비를 구별하자

이쯤에서 조감도를 그리는 마음으로 돈에 대한 그간의 얘기를 정리해보자. 한 개인의 돈은 세 개의 측면 혹은 세 개의 변수로 구성되어 있다. 첫째가 버는 돈, 즉 들어오는 돈이고, 둘째가 갖고 있는 돈 혹은 쌓여 있는 돈으로 불리기 혹은 지키기의 대상이며, 셋째가 쓰는 돈, 즉 나가는 돈이다.

둘째의 돈은 이를테면 외생변수다. 현재 얼마의 돈을 갖고 있는지를 내가 결정할 수 있는 방법은 사실상 거의 없다. 이 돈은 주로 어떤 부모를 만났느냐에 달렸다. 그건 더도 덜도 말고 운의 영역에 속한다.

그래서 돈의 핵심적인 문제는 결국 첫째와 셋째의 관계로 귀결된다. 이상적인 상황은 버는 돈이 쓰는 돈을 여유 있게 초과해 그 결과 둘째의 돈이 의미 있게 늘어나는 것이다. 말하자면 가계부 상으로 흑자가 나는 상황이다. 현금 흐름이 플러스인 회사는 아무리 성장성이 떨어지더라도 망하지는 않는다. 회계적 건전성의 한 축이 만족된 것이다. 그리고 그게 지속되는 한 직원들이 먹고사는 데에 큰 지장이 없다. 개인도 마찬가지다. 버는 돈이 쓰는 돈을 능가하는 한 돈에 대해 크게 걱정할 일은 없다.

하지만 일반적인 경우라면 그게 그렇게 쉽지만은 않다. 항상 돈 쓸 곳은 넘쳐나는 반면 들어오는 돈은 제한적이다. 버는 돈을 키우는 것이 틀림없는 한 가지 방안이겠지만 이는 단기간 내에 될 일이 아니다. 조급한 마음에 얼마 안 되는 둘째의 돈으로 투기에 나섰다가 그마저 잃곤 하는 게 보통의 경우다. 돈 때문에 불행해졌다는 사람들이 예외 없이 빠지게 되는 이른바 '죽음의 소용돌이'다.

이제 한 가지 법칙을 천명하려고 한다. 사실 이 책의 제일 앞부분에 왔어야 하는 얘기다. 얼핏 언급하기는 했지만 명시적으로 똑 부러지게 말하지는 않았다. "뻔한 얘기 아니냐?"고 할지도 모르지만, 이 뻔한 얘기를 못 지켜 괴로워하는 사람이 한둘이 아니다. 그 법칙은 바로 이것이다.

"쓰는 돈이 버는 돈을 초과해서는 안 된다."

회사가 망하는 이유도 이것이고 개인이 망하는 이유도 이것이다. 심지어 국가도 이것 때문에 망한다.

프랑스의 루이 14세를 예로 들어보자. '태양왕' 혹은 '루이 대제'라는 이름으로도 불리는 그는 절대적인 왕권을 휘둘렀던 인물로 알려져 있다. 루이 14세에게는 남다른 기록이 많은데, 예를 들면 그는 1643년부터 1715년 병으로 죽을 때까지 무려 72년간 왕으로 지냈다. 이러한 기간은 유럽 주요 국가들의 역대 어느 왕보다도 가장 긴 기록이다. "내가 곧 국가다"라는 말을 했다고 흔히 얘기되지만, 이 또한 대부분의 유명한 인용구와 마찬가지로 루이 14세가 했다는 기록은 찾을 수 없다. 그를 깎아내리고 싶은 이들이 창작해낸 것이라는 게 정설이다.

루이 14세는 자신의 재임기간 동안 유럽 각국과 총 다섯 번의 전쟁을 치러 대부분 승리했다. 그뿐만이 아니다. 프랑스의 문화와 예술은 그가 왕으로 있는 동안 꽃을 활짝 피웠고, 화려함의 극치로 알려져 있는 베르사유 궁전도 그가 짓도록 한 것이었다. 한마디로 17세기의 프랑스는 유럽의 최강국이었고, 루이 14세는 그것을 가져온 장본인이었다.

상대적으로 덜 알려져 있는 사실이지만, 루이 14세 시절의 프랑스의 영광에는 회계의 역할이 적지 않았다. 그는 국가 재정에 복식부기를 최초로 도입한 왕이기도 했다. 여섯 살 때 왕이 된 그의 초기 재상은 이탈리아에서 귀화한 추기경 마자랭으로, 노회한 그는 왕과 국가의 돈을 자기 마음대로 주물렀다.

그러나 1661년 마자랭은 죽으면서 마지막으로 루이 14세에게 보석 같은 선물을 남겼다. 바로 회계에 정통한 자신의 비서 콜베르였다. 재무총감이 된 콜베르는 돈이 어디서 어떻게 새어나가는지를 누구보다 잘 알았고, 그의 노력에 힘입어 프랑스는 막강한 국력을 휘두를 수 있었다.

그러나 그런 루이 14세도 결국 유혹에 굴복하고 말았다. 말년에 회계적 건전성을 무시하고 들어오는 돈보다 더 많은 돈을 썼다. 나아가 왕정의 지출이 수입을 능가한다는 사실이 투명하게 드러날 것 같자 자신이 정립한 회계 시스템을 다시 불투명하게 망가트려놓기까지 했다. 불편한 진실에 마주하기보다는 그냥 문제가 없는 척, 모르는 척하려고 했던 것이다.

그렇다고 문제가 어디로 연기처럼 사라질 리는 없었다. 임종을 앞두고 그는 자신이 과도한 지출로 프랑스를 파산시켰다는 사실을 주위 사람들에게 털어놓았다. 절대적인 권력을 누린다는 전제군주조차도 돈의 더하기 빼기 결과가 지속적으로 빨간색인 것을 어떻게 회피할 방도는 없었다는 의미다. 태양왕도 어쩌지 못한 돈의 원칙을 보통 사람이 적당히 피해갈 방법이 있을 리 없다.

답답하다고 느낄 사람들을 위해 위의 원칙에 한 가지 예외를 두려고 한다. 쓰는 돈이 버는 돈을 능가하더라도 용인될 수 있는 경우다. 바로 써 없애는 소비가 아닌 자신에 대한 투자를 위해서 지출이 불가피한 경우다.

경제학은 개인이 쓰는 돈을 무조건 소비로 간주하지만 성격상 투자에 해당하는 것들도 있기 마련이다. 교육에 대한 지출이 가장 대표적인 예다. 타고난 조건을 바꿀 수 있는 유일한 단서는 어쨌거나 교육이다. 경험을 얻기 위해 쓰는 돈도 목적이 분명하다면 투자가 될 수 있다. 작가가 되기를 희망하는 사람이 책을 사 보는 것, 또는 음악가 지망생이 비싼 연주회 티켓을 사는 것 등이 그 예다.

다시 말해 본인의 역량을 키우기 위한 투자를 아끼는 것은 근시안적인 결정이기 쉽다. 연구 개발에 돈을 쓰지 않는 기업에 활짝 핀 미래를 기대할 수 없듯, 자기 자신의 R&D에 돈을 쓰지 않는 개인의 미래는 암울하기 마련이다. 이런 데에 지갑을 여는 것이야말로 돈을 제대로 쓰는 것이 아닐까 싶다.

다만 쓰는 돈이 버는 돈을 넘어서는 적자 상태는 1) '한정된 기간 동안', 2) '특정 목표를 위해서만' 용인되어야 한다. 그렇게 할 수 있는 원천은 말할 필요도 없이 둘째의 돈, 즉 갖고 있는 돈이다. 갖고 있는 돈의 한도를 넘어서는 지출은 아무리 목적이 투자라고 하더라도 지나치다.

교육에 돈을 쓰는 것은 투자라는 얘기를 한 김에 한 가지만 더 얘기하도록 하자. 대학입시에 영어 성적이 영향을 미치는 것은 별로 온당치 못하다. 국어, 수학과 함께 예전 학력고사와 요즘 수능의 3대 과목인 영어를 어떻게 빼느냐는 의문이 들 수도 있다. 그런데 곰곰이 생각해보면 처음부터 어이없는 기준이었다는 것을 알 수 있다.

대학이 학생을 선발하는 기준은 그 학생이 가진 잠재력과 지적 능력이어야 한다. 그런 면에서, 논리적으로 읽고 말할 수 있는 언어적 능력과 숫자를 통해 세상을 파악할 수 있는 수리적 능력은 당연히 필요하다. 그런데 영어는 이도 저도 아니다. 아무리 세계 공용어라고 해도 결국은 남의 나라 말이다. 기본 소양을 위해 고등학교에서 가르칠 수는 있어도 이것으로 대학입시의 합격, 불합격을 가름한다는 것은 아무리 생각해봐도 빗나간 일이다.

사실 여기에는 더 큰 문제가 있다. 바로 영어 실력은 한 사람의 지적 잠재력을 측정하기보다는 그의 부모가 경제적으로 얼마나 뒷받침을 해줄 수 있는가의 직접적인 함수라는 점이다. 적지 않은 돈을 들여 학원 보내고 어학연수 보내면 어떻게든 영어는 하게 된다. 미국에서는 거지도 영어를 유창하게 하기 마련이다. 반면 똑똑하긴 하지만 연수 갈 형편은 못 되는 집 자식들은 시작부터 주눅 들 수밖에 없다. 단적으로 수학은 아무리 돈을 퍼부어도 범재가 수재가 될 수 없는 반면 영어는 돈으로 해결이 가능한 영역이다.

물론 작금의 우리가 사는 세계는 글로벌 시대다. 해외에 나가 활동하려면 영어가 필요하다. 하지만 외국에 나갈 사람만 하면 되는 일일 뿐, 그럴 계획도 없고 그럴 생각도 없는 다수의 사람들과는 상관없는 얘기다. 영어가 필요한 사람이 있으면 본인이 알아서 하면 될 일이다.

게다가 해외라고 해서 모두 영어만 쓰는 것도 아니다. 중국 갈 사람에게 영어 성적 때문에 대학에 못 간다고 하는 것은 아무리 생각해도 우습다. 심지어 요즘은 우리나라에 관심이 있는 외국인들이 알아서 우리말을 배우는 시대다. 〈비정상회담〉이라는 한 종편채널의 프로그램을 보면 웬만한 사람보다 더 나은 한국어를 구사하는 외국인이 한둘이 아니다. 영어 하나만 대학입시에서 제외시켜도 부모들의 경제적 부담, 학생들의 사교육 부담은 확연히 줄어들 테다.

돈의 결핍은
빚으로 메워지지 않는다

지금껏 이 얘기를 미뤄왔다. 빚 얘기다. 빚이라는 단어 자체는 앞에서 이미 수차례 이상 언급했다. 하지만 차를 타고 달리면서 힐끗 야경을 본 수준이었다.

사실 빚은 비단 돈 쓰기만의 문제는 아니다. 앞의 돈 벌기와 돈 불리기에도 빚과 관련된 부분이 있을 수 있다. 그중 어디서 얘기하는 것이 일반인의 삶과 가장 관련도 크고 의미가 있을까 고민스러웠다. 결론은 그래도 돈 쓰는 법에서 얘기하는 게 제일 낫겠다 싶었다. 이제 본격적으로 빚 얘기를 해보도록 하자.

사람들은 빚을 편리한 도구로 여긴다. 돈이 부족하면 대출을 받는 게 해법이라고 생각한다. 생활비가 모자라면 먼저 좀 당겨쓴다는 식이다. 사고 싶은 물건이 생기면 주저 없이 신용카드를 꺼내 든다. 금액이 조금 부담된다 싶으면 할부로 긋는다. 카드 한도를 넘어서는 자동차 같은 것도 문제없다. 이른바 '파이낸싱'을 직접 자동차회사가 제공해주기 때문이다. 쉽게 말해 돈을 빌려준다는 뜻이다.

빚의 종류는 무척 다양하다. 은행 대출이 가장 전형적인 빚이지만 은행 외에도 저축은행, 대부업체 등이 직접 대출해준다. 대출과 별로 무관할 것 같은 증권회사나 보험회사로부터 돈을 빌리는 것도 가능하다. 신용카드의 연체, 현금서비스도 전부 빚이고, 캐피털사, 파이낸셜사의 할부와 리스 상품도 사실상 모두 빚이다. 요즘엔 많이 없어졌지만 예전에 흔했던 외상도 틀림없는 빚이다. 나중에 확정된 돈을 갚기로 되어 있는 것, 그게 바로 빚의 정의다.

빚을 지면 당장 뭔가가 생긴다. 바로 현금이다. 이걸로 부족한 돈을 메우면 되는 거 아니냐고 생각하기 쉽다. 당장은 그럴싸하게 들린다. 돈이 모자라서 지푸라기라도 붙잡고 싶은 심정이었다면 돈을 빌려주겠다는 곳이 하늘에서 내려온 동아줄처럼 느껴질 테다.

하지만 그 돈은 진정한 당신 돈이 아니다. 얼마 안 있어 돌려줘야 할 당신의 의무요, 속박이다. 지금 생긴 현금에서 나중에 갚을 현금을 빼고 나면 남는 게 아무것도 없다. 다시 말해 돈을 빌린다고 해서 갖고 있는 돈이 늘어난 게 아니다. 이쪽 돌을 빼서 저쪽 구멍을 막았을 뿐이다.

게다가 빚은 거저 오지 않는다. 언제나 그리고 누구에게나 이자를 수반한다. 추가적으로 갚아야 할 이자만큼 돈이 더 필요하게 된다.

이 때문에 나가는 돈, 쓰는 돈이 늘어난다. 쓰는 돈이 버는 돈보다 많은 게 문제였는데, 이걸 해결하겠다고 빚을 내고 나면 결국에는 쓰는 돈만 더 커진다. 그만큼 갖고 있는 돈은 더 빠른 속도로 줄어든다. 돈이 모자란다고 빚을 지는 것은 난파선 선원이 목이 마르다고 바닷물을 마시는 것과 같다. 지금 당장은 시원함을 느낄지 모르지만 얼마 못 가 더 큰 갈증을 느끼게 되고 종국에는 죽음을 재촉하게 된다.

그러니까 쓰는 돈이 버는 돈을 능가해서 생기는 문제를 빚으로 해결한다는 것은 있을 수 없는 일이다. 해결은커녕 문제를 더 키우는 행위다. 쓸 돈이 모자라면 빚을 질 게 아니라 지출 자체를 줄여야 한다. 고통스럽겠지만 마음잡고 해보면 절대 불가능하지 않다.

사실 돈이 부족하면 빚을 내면 된다는 식의 유혹이 적지 않다. 돈을 빌려주는 금융회사들은 그래야 자신들이 돈을 벌기 때문에 그런 소리를 한다. 하지만 위에서 살펴봤듯이 돈을 빌려서 돈 문제가 해결되는 경우는 본질적으로 존재하지 않는다. 나중에 생길 돈이 있으니 이를 빚을 통해 미리 쓰는 게 뭐가 문제냐 생각할지도 모른다. 하지만 그 나중이 오면 나갈 돈은 정해져 있는데 생길 돈은 이미 써버렸으니 또 모자란다. 다람쥐 쳇바퀴 돌듯 결국 제자리다.

빚을 권하는 자본주의 시스템의 손길은 아이들 교육에까지 침투해 있다. 한 예를 들어보자. 아직 유치원생인 첫째 아들의 경제교육에 도움이 될까 싶어 독일의 유명 보드게임 회사 라벤스부르거의 제품을 산 적이 있다. '시장놀이'라는 이름의 이 게임에서는 갖고 있는 돈으로 필요한 여러 물건을 사야 하는바, 물건 가격이 변하기도 하고 또 상점에 따라 다른 가격으로 팔기도 한다. 상황에 따라 적절한 경제적 행동을 하도록 하는 게 이 게임의 주안점이라고 할 수 있다.

게임은 사실 단순했다. 8유로의 돈을 갖고 출발해 빵이나 과일 혹은 고기 등 네 가지의 생필품을 다 사서 집으로 돌아오면 이기는 것이다. 각각의 가격은 최저 1유로에서 최고 3유로까지 변할 수 있고, 그래서 운이 나쁘면 가진 돈이 모자라 더 이상 어쩌지 못하는 상황이 생긴다.

그런데 돈이 모자랄 때의 게임 규칙이 한마디로 어이없었다. 주사위를 던져 나온 눈 수만큼 보드판을 돌아다니다 돈이 모자라면 친절하게도 '은행'으로 가라고 돼 있다. 은행에 가기만 하면 '저절로' 돈이 생기는 것이다. 생각해보라, 은행에 간다고 저절로 돈이 생기는지를. 돈이 부족하면 은행에 갈 게 아니라 '일하러' 가야 하는 것으로 했어야 마땅한 일이다. 혹은 갖고 있는 8유로로 어떻게든 네 가지 생필품을 사는 걸로 규칙을 정해 3유로짜리는 사지 말고 가격이 변할 때까지 기다리도록 했어야 했다.

세인트루이스의 워싱턴대학 교수인 하이먼 민스키는 모든 경제

위기와 금융위기 배후에는 항상 빚으로 점철된 시스템이 있었다고 지적했다. 그는 빚을 지는 사람과 회사를 세 종류로 나눴다. 첫 번째 종류의 채무자는 헤지 채무자다. 헤지 채무자는 빚을 지기는 졌지만 버는 돈으로 빚진 돈의 원금과 이자를 충분히 갚을 수 있는 사람이다. 헤지 채무자는 개인적으로나 사회적으로나 큰 문제가 되지 않는다.

그러나 나머지 두 종류의 채무자에게는 문제가 있다. 두 번째 종류의 채무자는 투기적 채무자다. 투기적 채무자는 빚진 돈의 이자를 버는 돈이 아니라 돈을 불린 수익으로 갚으려는 사람이다. 이러한 행위는 당연히 위험하다. 게다가 원금은 처음부터 갚을 생각이 없다는 게 포인트다. 원금을 갚을 때가 되면 새로운 빚을 얻어서 갚겠다는 계획이다. 그 계획은 심심치 않게 틀어진다. 새로 돈을 빌려주겠다는 데가 나타나지 않으면 투기적 채무자는 그 즉시 무릎을 꿇을 수밖에 없다.

세 번째 종류의 채무자가 가장 압권이다. 이름 하여 폰지 채무자다. 이들은 심지어 빚진 돈의 이자조차 감당할 능력이 없다. 그런데도 이들이 계속 돈을 빌리는 이유는 먼저 빌려준 사람에게 약속한 수익이 난 것처럼 보이기 위해서다. 다단계나 피라미드 사기와 다를 바 없다. 폰지 채무자는 언젠가는 '반드시' 무너진다. 다만 그 언젠가가 경우에 따라서는 꽤 긴 시간일 수도 있다.

폰지 채무자의 가장 최근의 사례는 헤지펀드 매니저였던 버니 매도프의 경우다. 우리로 치면 금융투자협회에 해당하는 전미증권업협회NASD의 회장까지 지냈던 그는 무려 약 40년 넘게 폰지 사기를 저지르다가 결국 걸렸다. 사기 친 금액은 적게는 21조 원부터 많게는 75조 원으로 추산되었다. 그는 150년 형을 선고받아 현재 감옥에서 살고 있다.

경제학자라는 사람들 중에는 빚이 필수불가결한 것이라고 얘기하는 이들도 있다. 회사가 사업을 하는 데에 부채는 필수이기 때문에 그렇단다. 빚 없이는 경제 발전도 불가능하다는 식의 얘기까지도 서슴지 않는다. 세 가지 사항을 지적하고 싶다. 첫째, 빚지지 않고 사업하는 회사의 존재를 어떻게 설명할지 궁금하다. 둘째, 과거의 자본집약적인 산업이라면 몰라도 요즘은 창의적인 아이디어와 테크놀로지가 결정적인 요소인 시대다. 따라서 빚이 필수라는 것은 너무나도 구시대적인 발상이다. 셋째, 회사의 부채와 개인의 빚은 다른 차원의 얘기다. 경제 발전을 위해서 개인에게 모자라는 돈을 빚으로 메우라는 것은 상식을 벗어난 궤변이다.

폰지 채무자의 폰지라는 말은 사실 이러한 방식의 사기로 유명한 사기꾼의 성에서 따왔다. 이탈리아 파르마에서 접시를 닦던 카를로 폰지는 스물두 살 때 미국으로 건너와 찰스 폰지가 됐다. 그러고는 90일간 돈을 맡기면 100퍼센트의 수익을 안겨주겠다고 약속하고 돈을 끌어모았다. 원조 폰지 사기는 2년 정도 유지되다 주저앉았다. 폰지 채무자의 시조인 파르마 접시 닦기의 말년이 혹시 궁금한가? 그는 극빈자로 살다가 생을 마감했다.

삶의 불확실성과
노후를 위한 대비

살면서 쓰는 돈을 분류하자면 1) 생존을 위해 꼭 필요한 생활비, 2) 돈 벌기 향상과 본인 능력 개발을 위한 투자비, 3) 꼭 필요하지는 않은 소비적 경비로 나눠볼 수 있다. 첫 번째 돈을 줄이겠다는 것은 거의 불가능에 가깝고, 두 번째 돈을 줄이겠다는 것은 장기적으로 불리한 결과를 가져오나, 세 번째 돈을 줄이겠다는 것은 가능하면서 유익한 일이라고 할 수 있다.

여기에 마지막으로 한 가지 부류를 더 추가하면서 이 장을 마치도록 하자. 즉 4) 삶의 불확실성에 대비하기 위한 예비비다. 살다 보면 생각지 못한 사건이 벌어져 갑자기 큰돈이 들어가는 일이 종종 생긴다. 물론 갖고 있는 돈이 넉넉하면 그런 일이 벌어져도 별로 문제가 안 될 수도 있다. 반면 그렇지 못한 경우에는 그에 대한 대비가 더욱 절실해진다.

예비비의 가장 대표적인 형태는 보장성 보험을 가입함으로써 내야 하는 보험료다. 보장성 보험은 큰 금전적 피해가 발생하는 만일의 경우에 대비하기 위해 맺는 계약 혹은 금융거래다. 가령 비싼 차를 들이받아 엄청난 돈을 물어내야 한다든지, 집에 불이 나 막대한 재산상의 손실을 입었을 때 보험이 없다면 그대로 손해를 볼 수밖에 없다. 하지만 자동차보험이나 화재보험을 갖고 있으면 손실 금액에 준하는 보험금을 받는다. 심적 피해야 어쩌지 못하더라도 최소한 금전적 손실은 복구할 수 있는 것이다.

그러한 권리는 물론 거저 생기지 않는다. 보장을 확보하기 위해 치러야 하는 돈이 바로 보험료다. 당연한 얘기이지만 사고가 난 후에는 보험을 들 수 없다. 암에 걸린 것을 알고 난 후에는 암 보험을 들 수 없다는 얘기다. 보장을 받으려면 아픈 데가 없을 때 매달 얼마씩의 보험료를 내야만 한다. 건강한데 돈이 나가니까 아까울 수도 있다. 버는 돈에서 일부가 꾸준히 나가니까 쓰는 돈임에는 틀림이 없다.

보장성 보험을 투기의 관점에서 보는 시각이 일부 있다. 한마디로 잘못된 시각이다. 그중 하나가 기껏 보험료를 냈는데 아프지 않으면 그 돈을 날린 셈이라는 주장이다. 보험은 보험금을 타기 위해서 드는 게 아니라 혹시라도 있을지 모를 손실에 대비하기 위해 드는 것이다. 그게 아깝다고 생각한다면 애초에 들지 말았어야 했다.

보험료를 10만큼 냈는데 보험금 20을 탔으니까 100퍼센트 이익을 봤다는 식의 얘기도 성립될 수 없다. 재차 강조하지만 보험은 투기의 대상이 아니다. 보장성 보험의 수익률을 언급한다는 자체가 보험을 뭔가 옳지 못한 용도로 쓰겠다는 의미다. 실제로 이런 사람들이 적지 않게 있다. 이른바 보험사기다. 경제학이 좋아하는 주제 중의 하나인 도덕적 해이, 즉 모럴 해저드는 바로 보험에서 유래된 말이다.

17세기 영국의 로이드 조합은 배와 배에 실은 화물에 대한 보험 계약을 제공했다. 거친 바다를 운항하는 화물선에는 늘 난파의 위험이 있었고 선주들은 그 리스크를 보험을 통해 해결하곤 했다. 그런데 시간이 가다 보니 특정 몇몇 선주의 난파율이 유독 높다는 것이 눈에 띄었다. 조사 결과 헌 배를 싼값에 주고 사서 거액의 보험계약을 맺은 후 일부러 침몰시켜 배 값과 보험료를 능가하는 보험금을 타곤 했다는 것이 밝혀졌다. 이를 일컬어 모럴 해저드라고 불렀던 것이다.

보장성 보험료는 잠재적인 보험금의 최대 금액에 비해 대개 작은 금액이다. 물론 그 보험료를 내는 것조차도 부담스러운 상황이 분명히 있을 것이다. 하지만 보장성 보험에는 삶의 불확실성으로부터 야기되는 취약성을 제거해주는 긍정적인 기능이 분명히 존재한다. 예를 들어, 자동차를 운전하면서 자동차보험을 들지 않겠다는 것은 생각하기 어렵다.

하지만 과하면 이 또한 모자람만 못하다. 버는 돈의 상당 부분이 오직 보험료로만 나간다면 문제가 아닐 수 없다. 이를 나타내는 지표가 '보험침투도'다. 전 국민이 1년 동안 내는 보험료의 총액을 국내총생산으로 나눈 값이다. 스위스의 재보험사 스위스리가 2016년에 발표한 조사에 따르면 우리나라는 11.42퍼센트로 전 세계 6위를 기록했다. 전 세계 평균인 6.23퍼센트의 거의 두 배다. 상식적인 차원에서 보험에 쓰는 돈이 버는 돈의 10~20퍼센트를 넘어가는 것은 설명하기 어렵다.

우리나라 인구 한 명당 1년간 낸 보험료의 평균을 구해보면 약 340만 원 돈이다. 앞에 나온 평균이라는 말에 다시 한 번 주목하자. 모든 사람이 340만 원씩 낼 리는 없다. 보험이 아예 없는 사람도 꽤 된다. 그럼에도 불구하고 저런 금액이 계산된다는 것은 누군가 엄청나게 큰돈으로 보험을 든다는 얘기다.

여기에 힌트가 될 만한 게 보험침투도 세계 1위 국가의 이름이다. 바로 세계적인 조세 회피처 케이맨제도다. 보험침투도가 무려 20.24퍼센트로 이곳의 1인당 평균 연간보험료는 1,500만 원에 육박한다. 보험을 들어야 할 남다른 이유가 있을지도 모르지만, 아마도 정상적인 생명보험이나 손해보험의 용도와는 다른 목적으로 보험을 활용하는 탓일 수도 있다. 일부 사람들에게 보험은 효율적인 상속 수단이 되기도 한다.

예비비의 성격을 갖는 또 다른 돈 쓰기는 연금이다. 연금은 노후에 버는 돈이 줄어들거나 아예 없는 경우를 대비하기 위한 수단이다. 사회에 처음 나올 때야 누구나 장밋빛 미래만을 꿈꾸지만 갑자기 직장을 잃는다든가 사업이 어려워지는 경우는 늘 벌어진다. 삶의 불확실성 때문이다.

당장은 생기는 것 없이 돈을 내기만 하는 입장이라 연금의 가입을 등한시하기 쉽다. 하지만 언제고 그런 날이 오리라는 것을 받아들인다면 연금은 필수 중의 필수다. 설혹 그런 날이 오지 않아도 문제 될 건 없다. 연금으로 받는 돈을 무시하고도 버는 돈과 가진 돈이 충분하다면 더 잘된 일이다. 연금은 노후의 경제적 취약성을 완화시켜주는 훌륭한 완충장치다.

연금은 크게 국민연금, 퇴직연금, 개인연금으로 나뉜다. 국민연금은 직장에 다니는 사람이라면 의무적으로 가입해야 하는 공적연금이라 특별히 신경 쓸 일은 없다. 또한 직장이 없는 사람도 임의가입의 형태로 가입이 가능하다. 공무원이나 사립학교 교원 그리고 직업군인의 경우는 국민연금 대신 해당 직역연금에 자동 가입된다. 그러나 만 65세 이후 받게 될 국민연금액만으로는 충분한 노후 수입이 되기 어렵기 때문에 추가적인 대비가 절실하다.

퇴직연금은 국민연금과 마찬가지로 직장에 다니는 한 가입이 의

무적으로 이뤄지지만 아직 과거의 퇴직금 제도를 운영하고 있는 소규모 회사들도 없지는 않다. 퇴직연금은 크게 보아 월급에서 뗀 돈을 개인이 직접 책임지고 운용하는 확정기여형과 회사가 책임지고 운용하는 확정급여형으로 나뉜다.

회사에 따라서는 확정기여형과 확정급여형을 동시에 제공해 직원들이 둘 중 하나를 선택할 수 있도록 하는 경우도 많다. 이때는 승진 등을 통한 연봉 상승률의 기대치와 개인이 직접 금융상품을 운용해 얻는 수익률의 기대치에 따라 어느 유형을 택할지를 정해야한다. 전자가 크면 확정급여형이 유리하고, 후자가 크면 확정기여형을 택하는 게 합리적이다.

국민연금이나 퇴직연금과는 달리 개인연금은 가입이 전적으로 자발적이다. 개인연금은 세금 상 혜택을 받을 수 있기에 여력만 된다면 당연히 가입하는 게 좋다. 한편 가입하고 싶어도 여기에 부을 돈이 부족한 사람들에게는 그림의 떡에 불과하다. 형편이 허락하지 않는데도 억지로 무리해서 가입했다가 중도에 해지하면 손실이 크게 발생하니 조심할 일이다.

연금에 관해 염두에 두어야 할 사실이 한 가지 더 있다. 불의의 사고나 병으로 일찍 죽는 것은 물론 불행이다. 하지만 반대로 기대 이상으로 오래 산다고 해서 꼭 행복한 것은 아닐 수 있다. 한 70세까지 살 것이라고 생각하고 그에 맞게 연금을 준비했다가 80세, 90세 혹은 그 이상 살게 되면 경제적으로 매우 힘들어진다. 이름 하여 장수 리스크다.

우리 이상의 고령화 사회인 일본의 경우 '노후파산'이라는 말이 한참 사회적 이슈다. 예상외로 수명이 길어지다 보니 국가가 제공하는 연금만으로 생활할 수 없어 길거리로 내몰린다는 얘기다. 게다가 말년에는 치매가 오거나 병원 치료 등으로 인해 얼마 안 되는 연금에서 적지 않은 돈을 또 쓰게 된다. 그런 점에서 연금을 선택할 수 있다면 매달 받는 금액이 조금 줄더라도 죽을 때까지 계속 받을 수 있는 형태가 더 신중한 선택이다.

OECD 국가 중 우리나라는 자살률이 1위다. 그것도 10년 넘게 한 번도 쉬지 않고 계속 1위다. 2012년 OECD 자료에 의하면 우리는 10만 명 중 29.1명이 자살해 2위인 헝가리의 22명, 3위인 일본의 19.1명을 앞섰다. 모든 나라를 대상으로 한 세계보건기구WHO의 조사 결과에서도 44.2명의 기아나의 뒤를 이은 2위다. 미국은 12.1명, 싱가포르가 7.4명, 왠지 높을 것 같은 중국은 7.8명에 그친다.

언론 등에서 우리나라의 청소년 자살률이 세계 1위라는 얘기를 많이 하지만 이는 사실이 아니다. 예를 들어, 세계보건기구가 2010년에 발표한 자료에 따르면 10만 명당 9.4명으로, 제일 높은 축인 핀란드의 14.2명, 뉴질랜드의 13.7명보다 낮고, 일본의 10.2명보다도 낮다.

우리가 OECD 국가 중 자살률 1위를 기록한 결정적인 요인은 바로 65세 이상의 노인 자살률 때문이다. 2010년 자료로 무려 81.9명에 달하는 압도적인 1위다. 원래 노인의 자살률은 다른 연령대보다 높은 경향이 있다. 하지만 우리만큼 심한 나라는 극히 드물다. 미국의 약 17명, 영국의 약 5명과 비교해보면 얼굴이 확 붉어진다. 일본이 굉장히 높은 편이지만 그래 봐야 28명 정도다.

보통 노인들의 높은 자살률을 세 가지 요인으로 돌린다. 경제적 빈곤, 신체적 질병, 사회적 고립이다. 그러나 조금만 생각해보면 우리나라 노인들의 신체적 질병이나 사회적 고립이 다른 나라 노인들보다 아주 특별히 더 심할 것 같지는 않다. 신체적 질병이란 요인도 어느 정도 치료를 받을 수 있는 여력이 있는데 자살을 결행할 가능성은 낮다. 사회적 관계도 경제적인 곤궁이 어떤 식으로든 악영향을 미쳤을 가능성이 농후하다. 그렇다면 모든 게 결국 경제적 빈곤, 즉 돈의 부족으로 귀결된다는 결론을 피할 수 없다.

연금을 준비하는 것의 중요성은 아무리 강조해도 지나치지 않다.

돈을 지배하는
자본주의 시스템

6장

자본주의의
모두스 오페란디

　야구는 인기 스포츠다. 2016년 한 해 동안 한국프로야구의 총관중 수는 약 834만 명에 달했다. 여성 관중의 비율도 43퍼센트 정도로 생각보다 높다. 하지만 많은 팬에도 불구하고 무관심을 넘어 싫어하는 사람도 적지 않다. 그런 데에는 이유가 있다. 경기 규칙을 모르는 사람들에게 야구는 어렵게 느껴지기 때문이다. 어렵게 느껴지니 관심도 생기지 않고, 관심이 없으니 잘 알게 될 리도 없다. 무슨 말인지 잘 이해가 가지 않는다면, 한번 야구에 문외한인 사람에게 그 규칙을 설명해보라. 최근에 나는 일곱 살 된 첫째 아들에게 설명하다가 야구 규칙이 얼마나 복잡하고 설명하기 어려운지 절감했다.

　'들어가는 말'에서 얘기했듯이 우리는 자본주의 시스템에서 살고 있다. 자본주의 시스템에는 야구의 규칙과 같은 고유의 모두스 오페란디modus operandi가 존재한다. 모두스 오페란디는 '작동방식' 혹은 '수법'이라는 뜻의 라틴어다. 그런데 자본주의의 모두스 오페란디에 대해 드러내놓고 얘기하는 경우는 드물다. 개인들은 경험을 통해 단편적인 사실을 접할 뿐, 큰 그림을 갖기가 쉽지 않다. 적어도 공식적인 교육에 그런 내용은 없다. 하지만 자본주의 사회에서 살아가려면 그 시스템의 모두스 오페란디에 대한 파악은 필수다. 경기에 들러리가 되지 않으려면 최소한 기본적인 작동방식 정도는 꿰고 있어야 한다.

자본주의 체제는 도형에 비유하면 삼각형과 같다(또다시 3이다!). 프로이트의 정신분석에 나오는 자아, 이드, 초자아의 3인조를 연상하면 좋다. 세 개의 점 혹은 세 개의 변으로 이루어져 있는 것이다. 여기서 세 개란 모험사업가가 지배하는 주식회사, 돈을 빌려주는 은행 그리고 월급을 받는 노동자들이다.

먼저 월급을 받는 노동자들을 생각해보자. 노동자를 정의하자면, 직장을 다니며 정해진 월급을 받는 사람들이다. 이들이 없는 자본주의는 생각하기 어렵다. 노동자들이 각종 생산활동에 종사하기에 시스템이 돌아가는 것이다.

자본주의 체제의 학교교육은 바로 이 노동자들을 길러내는 데에 초점이 맞춰져 있다. 그리고 좋은 직장에 들어가는 것을 지상 목표로 여기도록 만든다. 좋은 직장이란 월급을 조금 더 많이 주는 곳,

그리고 규모가 커서 상대적으로 안정성이 있는 회사다. 같은 조건이라면 틀림없이 좋은 직장에 들어가는 것이 그렇지 않은 곳에 가는 것보단 낫다.

하지만 자본주의 자체는 집합적인 노동자들의 행복과 윤택함에 관심이 없다. 자본주의 체제의 기본 구성단위는 개인이 아니라 회사다. 경제 분야를 전문으로 한다는 신문들에게 지면이 모자라니 딱 한 가지만 보도하라고 하면 주식시장을 택할 것이다. 왜냐하면 주식회사들이 앞으로 얼마나 돈을 벌 수 있을 것인가에 대한 내기가 벌어지는 곳이기 때문이다. 노동자들의 경제적 축적에 자본주의가 관심이 있었다면 그걸 놓고 내기를 벌였을 것이다. 하지만 그런 시장은 본 적이 없다.

자본주의는 자신의 기본 구성단위인 주식회사의 안녕에 일차적으로 신경을 쓴다. 주가가 하락하기라도 하면 큰일 났다고 호들갑을 떨지만, 주가는 다양한 원인으로 등락하기 때문에 노동자의 관점으로 보자면 상관할 바가 아니다. 노동자는 자신의 시간을 회사에 팔고 정해진 월급을 받기로 계약한 상태이기 때문에 회사가 망하지만 않는다면 주가가 오르든 떨어지든 받을 돈은 똑같다.

다시 말해 자본주의의 관점에서 보면 노동자는 일종의 비용에 불과하다. 노동자에게 지급하는 월급을 줄일 수 있으면 그만큼 회사는 돈을 더 벌 수 있다. 반대로 노동자들의 경제적 풍요에 신경을 쓴다면 그만큼 회사가 버는 돈은 준다. 너의 이익은 나의 손해요, 나의 이익은 너의 손해다. 이른바 제로섬 관계에 있는 것이다. 회사를 다니는 것만으로는 일평생의 돈 문제가 해결되지 않는 이유다.

과거의 자본주의는 노골적이고 무자비했다. 그런데 너무 쥐어짜기만 하는 것은 하수나 하는 일이라는 인식이 생겨났다. 자본주의의 핵심원리는 대량생산이지만, 그렇게 대량생산된 물건들이 소비되지 않으면 시스템이 멈출 우려가 있었다. 노동자들을 소비자로 재탄생시킬 필요성이 대두된 것이다. 이런 면으로 가장 유명한 역사적 사례가 바로 미국의 자동차 왕 헨리 포드다. 그는 1914년 당시 이미 상대적으로 고임금을 받던 자사 노동자들의 일당을 2.34달러에서 하루아침에 5달러로 두 배 이상 올렸다. 비유하자면 연봉 5,000만 원을 받던 직원의 연봉을 1.1억 원으로 올린 셈이었다.

그렇게 갑자기 늘어난 노동자들의 돈은 자본주의가 생산하는 다양한 물건들을 소비하는 데 사용되었다. 예를 들어, 포드의 노동자들은 석 달 치 월급을 모으면 자사의 주력 모델 T를 살 수 있었다. 이제 소비는 검약을 대치하는 새로운 미덕이 되었다. 고객님으로 새롭게 태어난 노동자들은 한동안 소비의 짜릿함을 마음껏 탐닉했다.

하지만 이에도 한계가 있었다. 멀쩡히 굴러가는 차를 석 달마다 바꿀 필요가 없었던 것이다. 1920년대 들어 판매가 정체되자, 자본주의는 두 가지 기법을 새로이 동원하기 시작했다. 그중의 하나가 광고와 마케팅이었다. 더 이상 물건 살 생각이 없는 노동자들로 하여금 '저 물건이 필요해!' 하고 생각하게 만들어 계속 돈을 쓰게 하는 것이 광고와 마케팅의 본질이다.

이런 쪽의 극치는 이른바 '명품 마케팅'이 아닐까 싶다. 명품이라는 단어는 영어의 마스터피스masterpiece 혹은 마스터워크masterwork에 해당되는 말로, 원래는 개별적인 걸작이나 명작을 지칭했다. 사실 요즘 우리나라에서 명품이라고 불리는 것은 값비싼 디자이너 브랜드의 제품들로, 예전에는 이를 '사치품'이나 '호사품'이라고 불렀다. 그런데 사치품 그러면 부정적인 이미지가 따라붙으니 이를 언젠가부터 명품이라고 바꿔 부르기 시작했다. 그리고 자본주의가 생각해낼 수 있는 온갖 기법을 동원하여 개인들로 하여금 이를 욕망하게 하고 돈을 쓰도록 하게 했다. 그게 바로 명품 마케팅이다.

소비를 불합리한 수준으로까지 진작시키기 위한 자본주의의 또 다른 수법은 대출이었다. 돈이 없는 사람에게 돈을 빌려줌으로써 당장 소비하도록 만드는 것이었다. 물론 이는 거저가 아니었다. 은행들은 돈을 빌려준 대가로 이자를 받아 챙김으로써 돈을 벌었다. 그러다 개인이 돈을 갚지 못하게 되면 가진 것을 모두 잃고 시스템 바깥으로 떠밀려났다.

이러한 시스템이 작동되기 위해선 한 가지 꼭 필요한 것이 있었다. 바로 돈의 관계를 강제할 수 있는 법적 환경이었다. 가령 빌려준 돈을 되돌려 받지 못해도 강제로 받아낼 수단이 없다면 은행이 돈을 번다는 것은 불가능한 일이었다. 하지만 자본주의 체제에게 은행은 성스러운 암소와도 같은 존재였다. 무슨 일이 있더라도 은행은 돈을 벌 수 있어야 했다. 그래서 현재의 자본주의 시스템은 빌린 돈을 갚지 못하는 것을 무엇보다도 심각한 범죄로 단죄하고 있다.

지금까지 자본주의 체제 내에서 노동자로 사는 개인이 어떠한 상황에 처해 있는지를 살펴보았다. 부정적인 느낌이 들었겠지만, 자본주의의 긍정적 기능도 분명히 있다. 가령 절대적인 관점에서 요즘 노동자들의 생활수준은 자본주의 이전 시대의 왕들을 분명히 능가한다. 예를 들어, 예전의 왕들은 괜히 치료한답시고 야만스러운 피 뽑기나 무식한 설사하기를 당하다가 죽었던 반면 요즘의 노동자들은 손쉽게 구할 수 있는 페니실린이나 아스피린 같은 약을 먹는 것으로 족하다.

자본주의가 온전히 약탈적이 되지 않은 데에는 국가가 개입한 덕도 분명히 있었다. 특히 민주주의 정부는 다수의 국민의 권리를 신경 쓰지 않을 수 없었고, 이는 돈의 권리가 너무할 정도의 헤게모니를 쥐는 것을 불완전하나마 억제해왔다.

하지만 자본주의의 모두스 오페란디는 변하지 않았고, 앞으로도 변하지 않을 것이다. 노동자들에게 월급을 주되 너무 많이 주지 말고, 또한 받은 돈은 어떤 식으로든 다 쓰게 만들어 시스템이 돌아가도록 하고, 그럼으로써 남은 돈이 별로 없는 노동자들이 더욱더 월급에 목을 매도록 만드는 것, 그게 자본주의의 작동방식이다. 이 쳇바퀴에서 빠져나오지 않는 한 개인은 그냥 한평생 죽도록 바퀴를 돌리다 지쳐 쓰러지기 쉽다.

주식회사와 은행 중
누가 더 중요할까?

자본주의란 세 점으로 형성된 삼각형과도 같다는 말을 상기해 보자. 그 셋 중에 누가 주인일까? 앞에서 얘기했던 것처럼 노동자가 자본주의의 주인일 리는 만무하다. 그러니 이제 후보는 주식회사와 은행으로 압축되었다. 그 둘은 틀림없이 자본주의의 프리마돈나들로 어느 하나를 고르기가 쉽지 않다. "아빠가 더 좋아, 엄마가 더 좋아?" 하는 질문처럼 느껴지기까지 한다.

주식회사는 자본주의의 겉으로 드러난 스타다. 시스템의 모든 스포트라이트는 주식회사를 비춘다. 자본주의는 드러내놓고 주식회사를 편애한다. 한 예로, 회사가 번 돈에 대해 물리는 세율이 노동자가 번 돈에 대한 세율보다 낮은 것이 일반적이다. 미국을 예로 들자면, 법인소득세는 35퍼센트이지만 개인소득세의 최고 세율구간은 39.6퍼센트다. 영국의 법인세율은 2016년 현재 20퍼센트이지만 개인소득세율은 45퍼센트로 두 배가 넘는다.

주식회사에 주어지는 낮은 세율은 지금부터 얘기할 혜택에 비하면 하찮을 수도 있다. 바로 주식 보유자에게 주어져 있는 유한책임이다. 개인이 사업을 하다 빚을 져서 못 갚으면 법에 의해 처벌된다. 쉽게 말해 감옥에 가야 한다. 반면 주식회사의 경우 갚을 돈이 없으면 그냥 회사가 부도 처리되고 만다. 법인을 감옥에 보낼 방법이 없기 때문이기도 한데, 보통 이런 경우 법인의 책임자들에게 책임을 물리지만 그 법인이 주식회사라면 아무도 감옥에 가지 않는다. 아무리 회사가 갚지 못한 빚이 많아도 주주는 자신이 투자한 돈 전액을 잃는 것으로 끝이다. 이쯤 하면 왜 자본주의 사회에서 회사를 가져야만 하는지 충분히 공감이 갈 것이다.

그렇지만 자본주의의 숨어 있는 진짜 주인은 은행이다. 은행이 수행하는 역할이 실로 의미심장하기 때문이다. 은행은 대출을 해주고 돈을 버는 존재다. 그런데 대출이 없다면 자본주의는 그 즉시 작동을 멈출 수도 있다. 애당초 은행이라는 존재가 역사에 등장하지 않았다면 지금의 자본주의가 아예 없었을 수도 있다는 얘기다.

역사적으로 보면 자본주의는 은행이 출현하면서 나타났다. 좀 더 구체적으로는 개신교 국가들의 등장과 함께였다. 현대적 의미의 진정한 은행이 출현한 최초의 사례는 1609년의 네덜란드에서였다. 이때 등장한 암스테르담은행은 동전으로 바꿔줄 의무가 없는 일종의 신용계좌를 운영했다. 1664년에 등장한 스웨덴의 릭스뱅크는 정부에 돈을 빌려주는 임무를 갖고 세워졌다. '알프레드 노벨을 기리기 위한 경제과학 분야의 스웨덴 중앙은행상'에 돈을 대는 바로 그 은행이다. 1694년에 설립된 영국은행도 영국 왕실의 채무를 처리하기 위해 설립됐다. 네덜란드, 스웨덴, 영국은 대표적인 개신교 국가다. 스웨덴에 대해서 갸우뚱할 사람이 있겠지만, 스웨덴 왕정은 16세기에 가톨릭에서 개신교로 개종했고 그 결과 국민의 87퍼센트가 루터파의 일종인 스웨덴국교회 소속이다.

은행이 개신교 국가에서만 나타난 것은 역사적 우연이 아니다. 가톨릭 국가, 좀 더 정확히는 가톨릭교회는 돈을 빌려주고 이자를 받는 행위인 대금업usury을 철저히 금했다. 예수의 가르침에 반한다는 이유에서였다. 이슬람교도 이자 수취를 금지했다. 현재까지도 이슬람 국가에서 이자를 취하는 것은 불법이며, 수쿠크라는 이슬람식 채권은 이자가 아닌 다른 형태로 대가를 지급한다. 한편 유대교는 유대인 간의 이자 수취는 있을 수 없지만, 유대인이 아닌 사람들로부터 이자를 받는 것은 가능하다고 가르쳤다.

셰익스피어가 쓴 희곡 「베니스의 상인」에는 유대인 대금업자 샤일록의 얘기가 나온다. 돈 3,000두카트를 빌려주고 돈을 제때 돌려받지 못할 경우 기독교인 안토니오의 살 1파운드를 갖는 계약을 맺었다. 물론 희곡에서 안토니오는 목숨을 구하지만 현실에서라면 그렇지 않았을 것이다. 돈을 갚지 못하면 본인이나 그 가족들까지 노예로 팔아버리는 것이 예사였다.

보통 은행 그러면 예금을 맡아주는 곳으로 생각하곤 한다. 일반 개인들이 은행과 접촉할 일이 예금 외에는 별로 없기 때문이다. 하지만 은행의 핵심적 임무는 돈을 빌려주는 데에 있다. 그리고 빌려준 대가로 이자를 받아 돈을 번다.

이자를 받는 것이 정당한 일이냐 하는 문제를 떠나서, 은행이 자기 돈을 빌려주는 것까지 뭐라고 할 수는 없는 것 아니냐는 생각이 있을 수 있다. 내가 내 돈을 길에다 뿌리든 혹은 빌려주든 그건 내가 알아서 할 바 아니냐는 것이다. 그걸 뭐라고 할 수는 없을 듯하다. 예를 들어, 은행이 빌려주는 돈에는 우선 자기자본이 있다. 은행의 자본금이야 은행 소유의 돈이니, 이걸 빌려주는 것을 뭐라고 할 수는 없다.

하지만 은행 돈이 아닌 것을 빌려준다면 그건 좀 다른 문제다. 첫 번째가 예금이다. 예금은 은행 돈이 아니라 예금자의 돈이다. 은행 입장에서 보면 예금주로부터 빌린 돈이다. 내 돈이 아닌 빌린 예금을 갖고 대출을 해줘 돈을 벌고 있는 것이다. 여기서 한 발짝만 더 나가면 이제 없는 돈을 빌려주는 일이 가능해진다. 자본금도 아니고 예금에서 빌려온 것도 아닌 돈을 누군가에게 빌려주고 나면 그다음부터는 그게 멀쩡한 돈이 되어 돌아다닌다. 무에서 유가 창조되는 순간이다. 이를 가리켜 신용화폐라고 부른다. 빚이 곧 돈이 되는 것이다.

조금만 생각해보면 은행 입장에서 이게 얼마나 수지맞는 일인지를 알 수가 있다. 갖고 있지도 않은 돈을 빌려주고 그에 대한 이자를 받으니 이보다 더 좋은 비즈니스가 없다. 봉이 김선달이 대동강 물 팔아먹은 것 저리 가라다.

허공에서 생겨난 돈이 문제를 일으키지 않을 리가 없다. 역사상 유명한 금융위기치고 은행이 끼지 않은 것이 없다. 한 예로, 튤립 매니아를 보자. 튤립매니아란 튤립의 가격이 급상승했다가 순식간에 폭락했던 일을 말한다. 이는 1637년에 네덜란드에서 있었던 일로, 암스테르담은행이 설립된 지 30년도 안 돼서 벌어졌다. 다른 예로, 영국의 남해 버블을 들 수 있다. 전체적인 구성은 튤립매니아와 동일하다. 다만 대상이 튤립에서 남해회사라는 회사의 주식으로 바뀌었고, 시간과 장소가 1720년의 영국이라는 점이 다를 뿐이다. 이때가 영국은행 설립 후 30년이 지나지 않은 시점이라는 것을 주목하자.

이렇게만 얘기하면 은행업이 땅 짚고 헤엄치는 비즈니스라고 착각하기 쉽다. 결코 그렇지 않다. 빌려준 돈을 떼이면 그 순간 은행은 망한다. 역사적으로 많은 은행이 그런 이유로 망해왔다. 은행이 망하지 않는다는 것은 실제와 부합되지 않는 진술이다. 은행은 늘 망한다. 멀리 갈 것도 없이 최근의 그리스 은행들의 예를 생각해보는 것으로 충분하다.

이는 은행업을 영위하는 이들에게 큰 골칫거리였다. 특히 돈을 빌려 간 자가 힘센 사람일 경우엔 더욱 그랬다. 은행업자 입장에서는 큰돈을 빌려줄수록 더 많은 돈을 벌 수 있다. 이자의 절대금액이 늘어나기 때문이다. 하지만 큰돈을 빌리려는 주체는 대개 각 나라의 왕들이었다. 돈을 빌리는 이유는 대부분 옆 나라와 전쟁을 하기 위해서였다. 이들은 일단 빌려놓고 나중에 갚지 않는 것을 아무렇지도 않게 여겼다. 빌려 간 왕이 돈을 안 갚는다 싶으면, 그땐 다시 옆 나라에 돈을 빌려줬다. 그래서 무릎을 꿇린 후 전쟁 배상금의 형태로 못 받은 돈을 받았다.

빌려준 돈을 받지 못할 리스크를 줄이는 가장 확실한 방법은 바로 국가 권력과 결탁하는 것이었다. 대표적인 예가 바로 영국은행이다. 앞에서도 설명한 것처럼, 영국은행은 영국 왕실이 필요로 하는 전쟁자금을 빌려주는 대신 영국 내 화폐를 발행할 수 있는 권한을 부여받았다. 쉽게 말해 영국 왕실의 금고지기였던 것이다. 이때만 해도 영국은행은 은행권 발행에 대한 독점권을 갖고 있지는 못했고 다른 상업은행들과 동등한 처지였다. 그러다 왕실과의 특수 관계로 인해 점차 독점적인 권리를 획득해나갔고 19세기 중에 영국 내 유일한 발권은행이 되었다. 영국은행의 경우를 보면, 중앙은행의 연원이 국가와 무관하지 않다는 것을 알 수 있다.

빌려준 돈을 떼이지 않았는데도 은행이 망할 수 있을까? 있다. 바로 은행의 채권자들이 돈을 갚으라고 독촉하는 경우다. 은행의 채권자란 예금주들이다. 은행이 대출해준 돈에 비해 은행의 원래 자기자본은 턱없이 작다. 그렇기 때문에 예금주들이 한꺼번에 돈을 갚으라고 요구하면 은행은 갚을 수가 없다. 은행이 대출해준 돈은 채권의 형태로 갖고 있을 뿐, 갑자기 되돌려 받을 방법이 없기 때문이다. '뱅크 런'이라고 불리는 이 상황을 은행업자들은 당연히 두려워한다. 하지만 이 또한 심심치 않게 발생하곤 했다.

이를 해결하기 위해 중앙은행이라는 존재가 생겨났다. 우리가 보통 은행이라고 부르는 상업은행은 남의 돈이나 없는 돈을 빌려주는 존재다. 당연히 불안정한 존재일 수밖에 없다. 그런데 상업은행이 망하는 것은 무슨 수를 써서라도 막아야 한다는 주장이 등장했다. 말할 것도 없이 은행과 이해관계가 일치하는 사람들의 주장이었다. '은행들의 은행' 혹은 '최후의 대부자'라는 중앙은행은 그렇게 생겨났다.

중앙은행은
돈이 어디서 난 거지?

　중앙은행 그러면 무소불위의 힘을 갖고 있는 존재처럼 느껴진다. 미국의 중앙은행인 연방준비제도 의장에 대해 세계 경제대통령이라는 어리둥절한 칭호까지 따라붙는다. 사실 알고 보면 중앙은행이 할 수 있는 일이 그렇게 많지는 않다. 그렇다고 있으나 마나 한 존재라는 뜻은 아니다. 다만 욕을 먹는 데 비해 실제 영향력은 부분적이라는 것이다.

　중앙은행과 관련해 언론이 가장 관심을 갖는 것은 기준금리의 결정이다. 통상적인 설명은 물가가 오르면, 즉 인플레이션이 커지면 중앙은행은 기준금리를 올려 이를 억제한다. 물가의 상승을 돈이 너무 흔해졌다는 것으로 이해하면 돈의 양을 줄이는 것이 올바른 대응이다. 이자율이 높아지면 부담이 커져 돈을 덜 빌리거나 혹은 빌렸던 돈을 갚으려 들 것이고 결과적으로 돈이 줄어든다.

반대로 물가가 하락하는 디플레이션이 발생하면, 중앙은행은 이자율을 낮춘다. 물가의 하락을 돈이 부족한 것으로 이해하면 돈의 양을 늘리려고 하는 것이 대응책이 될 수 있다. 이자율이 낮아지면 부담이 작아지기에 사람들이 더 많은 돈을 빌리게 된다는 것이다. 이처럼 기준금리의 조작을 통해 한 나라의 경제계가 인플레이션도 디플레이션도 아닌 상태에 놓여 있도록 하는 것이 중앙은행의 책무라고 교과서는 얘기한다.

그런데 이게 그렇게 간단한 일이 아니다. 중앙은행이 결정하는 이자율은 단기 이자율이다. 그러면 그걸 바탕으로 상업은행들이 장기의 대출을 수행하면서 '시장의 논리에 의해' 장기 이자율이 결정되는 것이라고 한다. 즉 궁극적으로 대출을 통해 시중에 흘러 다니는 신용, 즉 돈을 만들어내는 주체는 상업은행이다. 이 말은 상업은행들의 판단에 따라 중앙은행의 의도가 무산될 수도 있다는 뜻이다. 가령 기준금리를 낮춰도 상업은행들이 장기 이자율을 높여 돈이 안 풀릴 수도 있고, 반대로 기준금리를 높여도 상업은행들이 장기 이자율을 낮춰 많은 돈이 풀릴 수도 있다. 중앙은행이 허수아비가 될 수도 있다는 얘기다.

그렇다면 애초에 중앙은행이 단기와 장기의 이자율을 모두 결정하면 되지 않느냐는 생각이 들 수도 있다. 이 말은 그렇게 잘못된 말이 아니다. 하지만 얼마 전까지도 이런 말은 터부시됐다. 그렇게 되면 상업은행들이 자기들 맘대로 돈을 버는 데에 상당한 제약이 생기기 때문이었다. 몇몇 용감한 경제학자들이 얘기를 해봤지만 조직적인 왕따를 당하고 깨끗이 무시당했다.

그러다 최근의 금융위기가 닥쳤다. 미국과 유럽의 중앙은행이 해결책이라고 제시한 방법은 바로 그토록 금기시됐던 장기 이자율 시장에 직접 개입하는 것이었다. TARP Troubled Assets Relief Program 나 LTRO Long Term Refinancing Operation 라는 새로운 용어로 포장하긴 했지만 본질은 다를 바 없었다. 이를 통해 상업은행들이 입은 손실을 메워주었다. 상업은행들의 무모함으로 인해 발생됐던 손실이었지만 상관없었다. 예전에 중앙은행이 장기 이자율 시장에 개입하면 절대로 안 된다고 떠들던 사람들은 어느새 이런 개입이 꼭 필요하다고 목소리를 높였다. 부끄러움 따위는 물론 없었다.

사실 중앙은행에는 상반된 두 가지 이미지가 존재한다. 하나는 중앙은행이란 당연히 국가의 이익에 종사하는 국가 기관이라는 이미지다. 다른 하나는 중앙은행은 국가에 독립적으로 기능하는 금융시장의 수호자라는 이미지다. 역사적으로 보면 전자가 맞다. 그런데 후자를 주장하는 이들이 적지 않다. 이 둘을 동시에 만족시킬 방법은 사실상 없다. 어느 나라든 중앙은행장들은 늘 애매한 표정을 지을 수밖에 없는 이유다.

후자를 주장하는 이들이 늘 입에 올리는 사례가 있다. 1차 세계 대전 패전 후의 독일, 즉 바이마르 공화국의 하이퍼인플레이션이다. 물가가 오르다 못해 완전히 미쳐버리는 것을 하이퍼인플레이션이라고 한다. 1918년 바이마르 공화국에서 0.5마르크 하던 빵 한 덩어리의 가격이 1923년에는 1,000억 마르크까지 올랐다. 하이퍼인플레이션의 가장 최근 사례로는 짐바브웨가 있다. 2008년 한 해 동안 물가상승률이 8.98 곱하기 10의 21승이었다.

발권력을 가지고 있는 중앙은행이 작정하면 하이퍼인플레이션을 일으킬 수 있는 것은 맞다. 짐바브웨의 예가 그렇다. 짐바브웨 중앙은행이 돈을 찍어낸 것은 돈이 필요해서였다. 정부의 수입, 즉 세금이 신통치 않다 보니 경기를 부양해보겠다고 발권에 나섰다가 그 꼴을 당했다.

반면 하이퍼인플레이션을 오직 중앙은행의 탓으로만 돌릴 수는 없다. 은행들이 찍어낸 신용화폐가 더 큰 요인일 수 있고, 외국 자금이 빠져나가면서 한 나라의 화폐 가치를 폭락시켜 물가상승을 야기한 탓도 크기 때문이다. 하이퍼인플레이션의 사례를 들면서, 그렇기 때문에 중앙은행이 정부로부터 독립성을 가져야 한다는 주장 이면에는 그렇게 함으로써 상업은행들이 국가 권력 위에 군림하도록 만들려는 의도가 없지 않은 것이다.

다시 말해 중앙은행과 상업은행의 이해관계는 거의 100퍼센트 일치한다. 보통 인플레이션 소방수라는 이미지로 중앙은행을 묘사하기 때문에 상업은행들과 이해관계가 어긋날 것으로 생각하기 쉽지만 그렇지 않다. 상업은행들은 결코 인플레이션을 무서워하지 않는다. 인플레이션의 결과로 중앙은행이 이자율을 올리면 그만큼 이자로 버는 돈이 더 많아지기 때문이다. 게다가 이자율을 올리면 이를 감당 못 하고 쓰러지는 회사가 있기 마련이라, 덤으로 우량한 자산을 주워 담을 수도 있다.

상업은행과 중앙은행이 정말로 두려워하는 것은 디플레이션이다. 물가가 하락한다는 것은 돈이 줄어들었다는 의미로 보통 이해하지만 다른 해석도 얼마든지 가능하다. 물건이 너무 흔해진 탓에 돈이 따라가지 못하는 것일 수도 있는 것이다. 이는 돈을 갖고 있는 사람에게 유리한 상황이다. 하지만 수치상의 이익을 내야 하는 주식회사나 많은 이자를 받고 싶은 상업은행들은 이것이 맘에 들지 않는다. 또 디플레이션은 돈을 빌린 사람에게 재앙과도 같다. 물건에 대한 돈의 상대적 가치가 올라감에 따라 나중에 갚기가 더욱 힘들어지기 때문이다.

여기에 단초가 있다. 은행이 돈을 갖고 있는 게 아니라 오히려 돈을 빌린 입장이라는 것이다. 상업은행이 대출을 통해 원래 없던 돈을 만들어내듯 중앙은행도 무에서 유를 창조해낸다. 예전에는 금과 같은 귀금속을 기준으로 하여 그의 일정 배수까지 돈을 만들었지만 다 지나간 과거의 일이다. 요즘의 중앙은행들은 국가나 자기 자신의 권위에 기대어 돈을 찍어낸다. 기술적으로 보면, 국가가 채권을 발행하면 이를 자산으로 하여 은행권이라는 부채가 생성된다. 이 은행권이 바로 돈이다. 즉 정부가 지는 빚의 크기만큼 돈이 생겨나는 것이다. 이를 바꿔 얘기하면 정부가 빚을 지지 않으면 돈이 생기지 않는다는 뜻도 된다.

여기서 잠깐, '왜 중앙은행이 돈을 만들어내는데 정부가 그만큼 빚을 져야 하지?' 하는 생각이 들었을 수도 있다. 돈이 그냥 물건의 유통을 편리하게 하고, 국가의 경제활동에 대응되는 수단이라면 틀림없이 맞는 생각이다. 실제로 미국에서 돈을 그런 식으로 발행한 적도 있다. 중앙은행 대신 미국 재무부가 직접 지폐를 발행했던 것이다. 경제활동에 필요한 만큼의 돈만을 발행했기 때문에 하이퍼인플레이션이나 디플레이션의 문제는 없었다. 돈을 만들기 위해 정부가 빚을 지고 이자를 지급해야 할 필요도 없었다.

그렇지만 우리가 현재 살고 있는 자본주의-중앙은행 체제에서는 그렇지 않다. 현재의 돈은 태생적으로 생길 때부터 이자 놀음을 하도록 만들어져 있다. 은행들은 위처럼 돈을 만들면 정부가 무분별하게 돈을 찍어내 하이퍼인플레이션이 발생될 것이라고 겁을 준다. 정부의 빚과 돈이 대응되도록 해야 건전하게 돈이 발행된다는 것이다. 하지만 지속적으로 발생하는 금융위기를 생각해보면 현재의 체제가 더 건전하다고 얘기하기도 어렵다.

결국 정부의 이자를 수반하지 않는 돈 발행이 정당하지 못하다고 주장하는 이유는 은행들의 돈벌이에 반하기 때문이라고 봐야 한다. 미국의 연방준비제도는 들여다보면 들여다볼수록 희한한 존재다. 앞에서 나온 기준금리 결정은 제도이사회의 몫이다. 하지만 실제로 미국 정부의 채무를 잡고 돈을 발행하는 주체는 열두 개의 연방준비은행들이다. 놀랍게도 연방준비은행은 주식회사로서 기존의 상업은행들이 주요 주주다. 여기에서 드디어 주식회사와 은행이라는 자본주의의 쌍두마차는 한 몸이 되었다.

국가를 우습게 여기는
국제자본

앞에서 얘기한 기준금리의 조작을 통해 국가 내의 돈의 양을 조절하는 일을 통화정책이라고 부른다. 굳이 해당 용어를 얘기하는 이유는 자주 들리는 이 단어에 겁을 집어먹을 필요가 없다는 뜻에서다. 한 가지 더 알아둘 용어는 재정정책이다. 이는 정부가 직접 사업을 벌여 돈을 특정 분야에 집어넣는다든지 혹은 세율을 조정해 돈의 양을 조절하는 것을 말한다. 돈에 관한 정책은 이 두 가지만 있다.

중앙은행의 통화정책 자체는 결코 만병통치약이 아니다. 의도한 효과가 발생되는 때도 있지만 별로 효과를 발휘하지 못하는 경우도 잦다. 일차적인 이유는 앞에서도 얘기한 것처럼 상업은행들이 갖고 있는 자유도가 크기 때문이다.

재정정책도 만능이 아니기는 마찬가지다. 나중에 쓸 돈을 미리 빼서 쓰는 식의 정책은 지속가능성이 결여된 눈 가리고 아웅일 공산이 크다. 재정정책이 진정한 의미를 가지려면 10년 정도는 내다보고 일관된 집행이 이뤄져야 하는데, 몇 년마다 정권이 바뀌는 나라에서는 옆집 담장 안 곶감일 뿐이다.

문제는 모든 정책적 수단에 한계가 있다는 사실이다. 왜냐하면 제어하고자 하는 대상과 제어의 수단 사이의 관계가 결코 선형적이지 않고, 비선형적이면서 복합적이기 때문이다. 비선형적이라는 말은 아까 1을 집어넣어 10이 나왔다고 해서 2를 넣었다고 20이 나온다는 보장이 없다는 얘기다. 아까와 같은 10이 나올 수도 있고, 갑자기 40이 나올 수도 있으며, 심지어는 아까보다도 작은 5가 나올 수도 있는 게 비선형성이다. 복합적이라는 말은 상황이 더 좋지 않다. 이는 2를 넣었을 때 20도 나올 수 있고, 0이 나올 수도 있으며, 정반대의 –20이 나올 수도 있는데, 이들 중 뭐가 나올지 할 때마다 달라져서 미리 알 수가 없다는 뜻이다.

통화정책과 재정정책을 펴는 이들은 암묵적으로 돈의 시스템이 선형적이라는 가정을 한다. 아니 좀 더 정확히 말하자면, 이들 중에도 똑똑한 이들은 선형적이지 않다는 것을 알고는 있다. 하지만 선형적일 것이라고 믿는 주변의 기대를 깨트리기가 부담스러워 그냥 입을 다물고 있다. 그냥 무슨 효과가 있을 것처럼 연기를 하고 있는 것이다. 왜냐하면 선형적이지 않다는 것을 인정하면 자신들이 불

필요한 잉여적 존재임을 인정하는 꼴이 돼버리기 때문이다.

그래도 국가가 자국 내의 돈에 대해 완전한 통제권을 행사할 수 있다면 사실 위의 통화정책에 어느 정도의 효과를 기대해볼 수는 있다. 문제는, 현재 우리가 살고 있는 자본주의 체제는 그렇지가 않다는 점이다. 다시 말해 돈에 대한 통제권이 전적으로 국가에 주어져 있지 않다.

로버트 먼델과 마커스 플레밍이 주장한 트릴레마trilemma, 즉 '불가능한 3인조'는 국가가 처한 어려움을 상징적으로 보여준다. 이들에 의하면, 국가는 다음의 세 마리 토끼를 동시에 잡을 수 없는바, 1) 안정적인 환율, 2) 자유로운 대외 자본 유출입, 3) 독립적인 통화정책 중 둘을 가지면 나머지 하나는 절대로 얻을 수 없다. 그러니까 안정적인 환율과 개방된 금융시장을 가지면 국가는 통화정책이라는 수단을 잃게 되고, 개방된 금융시장과 독립된 통화정책을 가지려고 하면 환율이 미쳐 날뛰게 되며, 그 꼴이 보기 싫어 안정적인 환율과 독립적인 통화정책을 가지려고 하면 그때는 돈의 대외 유출입을 통제하지 않을 수가 없다는 것이다.

예전에 많은 국가는 금융시장을 개방하지 않음으로써 통화정책의 유효성과 안정적인 환율이라는 목표를 달성했었다. 하지만 세계화와 자본자유화의 물결 앞에 대부분 굴복하고 말았다. 금융시장을 개방하고 나면 결국 환율에 대한 통제권을 포기하거나 혹은 독립적인 통화정책을 포기하거나 둘 중의 하나를 포기해야만 한다. 어느 쪽이든 도대체 마음에 들 수 없는 상황이다.

모든 나라가 다 압력에 굴복한 것은 아니다. 대표적인 예가 중국이다. 중국은 지금도 돈의 유출입을 상당히 철저하게 통제하고 있다. 지난 몇 년간 홍콩 금융시장을 통한 이른바 역외 위안화로 위안의 국제통화 가능성을 조심스럽게 실험해온 이유도 전면적으로 개방하면 그들에게 그대로 휘말릴 것을 알고 있어서다. 그 덕에 위안화 환율은 거의 고정되어 있고 중국 국내의 통화정책도 효과적으로 펼칠 수 있다.

환율은 정말로 중요한 문제다. 1980년대에 일본이 전 세계를 집어삼킬 것 같던 시절에 이것 하나로 나락으로 떨어졌다. 250 하던 미달러-엔 환율이 1년 만에 125로 내려가자 일본 기업들의 수출은 큰 타격을 입었고, 구제해보겠다고 일본의 중앙은행인 일본은행은 연 5퍼센트인 기준금리를 연 2.5퍼센트까지 내렸다가 부동산 버블만 키우고 말았다. 그러고는 결국 버블이 터지면서 20년 넘게 허송세월 중이다. 일본은행의 통화정책 결과는 참담하고도 참담했다.

반대의 상황도 있을 수 있다. 환율이 변해서 좋아질 수 있다는 뜻이 아니고, 환율이 올라가서 망하는 수도 있다는 얘기다. 멀리 갈 것 없이 1990년대 말의 우리나라를 생각하면 된다. 환율은 급격히 변하면 한 번에 죽고, 천천히 변하면 서서히 죽을 뿐, 죽는다는 결론은 달라지지 않는다.

그래서 환율을 안정적으로 유지하려고 하면 이제는 미국의 이자율 변동에 맞춰 한 나라의 기준금리를 동기화해줘야 한다. 미국이 내리면 따라 내리고 미국이 올리면 따라 올리는 것이다. 그렇게 하지 않으면 환율이 변해버리기 때문이다. 다시 말해 진정한 의미의 통화정책은 없다. 단지 따라쟁이가 될 뿐이다. 그런데 미국이 자국의 인플레이션을 잡겠다고 자국 이자율을 확 올려버리기라도 하면 진퇴양난의 상황이 벌어진다. 따라 하자니 허약한 기업과 가계들이 줄줄이 쓰러질 것 같고, 안 따라가자니 환율이 변하기 시작한다.

일반적으로 국가들은 환율을 포기하고 통화정책을 가지려 한다. 환율은 '밖의 나쁜 놈들' 핑계라도 댈 수 있지만, 국내의 인플레이션은 핑계 대기가 쉽지 않다. 중앙은행은 환율이 널을 뛰는 와중에도 "언젠가는 실물경제와 환율이 시장의 원리에 의해 균형점을 찾아갈 것"이라는 말로 스스로를 위안한다. 이리저리 흔들리다 보면 언젠가 분명히 균형환율을 거치긴 할 것이다. 다만 얼마인지 알 수 없는 그 균형환율이라는 데에 머무르지 않고 스쳐 지나간다는 것이 문제다. 그 와중에 견디지 못하고 망했을 회사나 사람들의 고통은 남의 일이다.

실제로 밖의 나쁜 놈들은 존재한다. 통칭하여 그냥 국제자본이라고 부르자. 이들은 환율의 변동을 통해 돈을 번다. 어떤 나라의 돈 가치를 올려 돈을 벌고, 또 한 번에 가치를 하락시켜 돈을 번다. 그 규모가 얼마나 클지 짐작해보고 싶다면, 전 세계 무역의 규모와 전 세계 외환현물 및 외환파생시장의 규모를 비교해보라.

국제자본은 국가의 존재를 거추장스럽게 여긴다. 돈벌이에 걸림 돌이 되기 때문이다. 국제자본이 원하는 것은 두말할 나위 없이 돈 의 자유로운 이동이다. 일단 이게 가능해지면 그다음엔 마음대로 털 을 깎을 수 있다. 그래서 국제자본은 국가가 갖고 있는 권력을 무력 화시키려고 한다. 물론 국가라는 존재도 완벽하지는 않아 옳지 못한 일을 할 때가 있다. 하지만 제스처일지언정 복지나 평등 등의 보편 적인 가치에 관심을 갖는다. 반면 국제자본은 한 나라의 국민들 안 녕에 일말의 동정심도 갖고 있지 않다. 단지 지배의 대상으로 여길 뿐이다.

미국의 연방준비제도에 대해 세계의 중앙은행이라는 거창한 칭 호를 붙여준다고 해서 그들이 세계경제를 위해 뭔가를 하리라고 생 각하는 것은 오산이다. 미국의 통화정책은 거의 전적으로 자국의 이 익의 관점에서 수행될 것이다. 미국이 다른 나라의 사정을 감안해서 통화정책을 펼칠 것이라고 착각해서는 안 된다.

페이퍼컴퍼니를 비롯한
자본주의의 숨은 첨병들

이쯤이면 글로벌 자본주의 체제의 굵직한 플레이어들은 대략 다 살펴본 셈이다. 단 빠진 것이 일부 있다. 눈에 잘 띄지도 않고 사람들이 잘 언급도 하지 않지만, 체제의 핵심적인 플레이어다. 페이퍼컴퍼니, 조세 회피처 그리고 재단이 그들이다. 이들 셋을 합쳐 3종 세트라고 부르도록 하자.

제일 먼저 페이퍼컴퍼니를 살펴보자. 페이퍼컴퍼니를 글자 그대로 번역하면 '종이 회사'다. 우리의 어감에 좀 더 맞는 번역은 '유령 회사'일 것 같다. 회사 이름은 있지만 실체는 없는 회사, 법적 자격은 갖고 있지만 직원도 없고 사무실도 없으며 하는 일도 없는 회사, 그게 페이퍼컴퍼니다.

페이퍼컴퍼니는 여러분이 생각하는 것보다 훨씬 많다. 특수목적회사 혹은 특수목적법인이라고 불리는 것들은 모두 페이퍼컴퍼니들이다. 이들 실체 없는 회사들은 자산유동화 혹은 구조화금융이라는 금융기법에 필수적이다. 쉽게 설명하자면, 깡통 회사를 하나 세워놓고 그 회사 이름으로 돈을 빌린 다음에 그렇게 마련된 돈으로 각종 자산을 사들여 이렇게 저렇게 재포장해서 내놓는 것이 구조화금융이라는 기법이다.

페이퍼컴퍼니는 각종의 금융위기 혹은 사기에 연루돼왔다. 2007년 미국에서 촉발된 서브프라임 사태는 바로 이러한 페이퍼컴퍼니가 발행한 부채담보부증권, 일명 CDO라는 것에 의해 벌어졌다. 2001년에 전 세계를 떠들썩하게 했던 엔론의 사기극은 SPV 혹은 도관이라고 불리는 페이퍼컴퍼니들이 없었다면 일어날 수 없는 일이었다. 전성기에 직원 수가 2만 2,000명에 달하고, 미국의 7대 기업의 하나로 간주되었으며, 《포천》에 의해 1996년부터 6년 연속으로 '미국에서 가장 혁신적인 기업'으로 꼽혔던 엔론의 모든 것이 허위로 밝혀지면서 단박에 파산했다. 세계 5대 회계법인 중 하나로 꼽히던 아서 앤더슨도 엔론의 부정을 방조했다는 이유로 망해버렸다. 통상 프라이빗 에퀴티라고 부르는 '비상장주식펀드'도 둘째가라면 서러울 정도로 페이퍼컴퍼니를 많이 쓴다.

대부분의 국가에서 페이퍼컴퍼니의 설립은 불법이 아니다. 하지만 이를 금지하지 않겠다는 논리는 사실 궁색하다. 페이퍼컴퍼니를 세우는 이유는 이를 통해 뭔가를 감추거나 혹은 제도의 허점을 이용하겠다는 둘 중의 하나다. 어느 쪽이든 떳떳한 일은 못 된다.

애초에 주식회사에 무한하지 않은 유한한 책임만을 지우기로 한 결정은 의미가 있었다. 국가와 사회가 발전하려면 누군가가 리스크를 지고 새로운 일을 시도해야만 한다. 리스크를 진다는 뜻은 잘 안 될 때도 있다는 것을 의미한다. 새로운 모험사업에 실패했다고 해서 평생 멍에를 져야 한다면 모두들 현상유지만 하려 들 것이다. 당연히 그 나라와 사회는 퇴보하기 마련이다. 그렇기 때문에 시행착오와 실패를 용인하고 새로운 것에 대한 시도를 장려하기 위해 만든 것이 주식회사와 같은 유한책임 회사다.

그런데 그런 사업은 벌이지도 않으면서 불투명한 방식으로 재무적 과실이나 수확하려는 이들에게까지 같은 면죄부를 주는 것이 타당한 일인지는 생각해보아야 할 문제다. 미국에서 하니까 다른 나라도 괜찮다고 할 문제가 아니란 얘기다.

페이퍼컴퍼니와 쌍으로서 기능하는 것이 바로 조세 회피처다. 영어로 택스 헤이븐tax haven인 조세 회피처 혹은 조세 피난처는 세금이 거의 없거나 아예 없는 국가나 지역을 가리킨다. 조세 회피의 수준에 따라 택스 파라다이스, 택스 셸터, 택스 리조트 등으로 구별되기도 하는 여러 조세 회피처에 페이퍼컴퍼니를 세우고 그를 통해 돈이 왔다 갔다 하게 함으로써 내야 할 세금을 안 내고 회피하는 것은 그들이 늘 구사하는 방법이다.

대표적인 조세 회피처를 열거해보면, 버뮤다, 영국령 버진제도, 케이맨제도, 채널제도-건지, 채널제도-저지, 아일 오브 맨 등이다. 리스트를 보면 알 수 있겠지만, 페이퍼컴퍼니의 큰 형님이 미국이라면, 조세 회피처의 대부는 영국이다. 위에 언급한 곳들은 모조리 영국의 직접적인 영토다. 영국의 수도 런던이 국제금융시장의 허브임을 떠벌리는 이면에는 위와 같은 조세 회피처들을 제집처럼 활용할 수 있는 배경이 자리 잡고 있다.

　미국은 이런 면으로는 영국에 비해 일천하며, 중앙아메리카의 그레나다나 파나마 정도가 미국 영향권에 있는 조세 회피처다. 그레나다는 원래 영국령이었다가 1974년에 독립했는데 1983년 미국이 침공하여 그 이후 미국의 영향력 아래에 있다. 그러고 보면 파나마도 1989년에 미국에 침공당해 오늘에 이른다.

　왜 이런 조세 회피처가 유지될 수 있을까? 상대적으로 세율이 낮은 국가인 싱가포르나 스위스 정도의 조세 회피처 말고, 케이맨제도나 버뮤다 같은 노골적인 조세 회피처가 존재할 수 있는 이유는 그들이 이를 원하기 때문이다. 국가조차도 직접 손을 대지 못한다. 사실 알고 보면 영국은 전통적으로 금융회사들에 의해 포획된 나라다. 금융감독기관인 FCA가 일련의 문제점들, 즉 2011년에 바클레이스의 라이보 스캔들, 2012년에 FX 스캔들, 2014년에 지급보장보험 불완전판매 등을 적발해내자, 칭찬은 고사하고 오히려 FCA의 수장인 마틴 휘틀리를 잘라버릴 정도다.

미국도 오십보 백보다. 증권감독기관인 SEC의 수장이었던 아서 레빗 같은 이는 자신의 역할이 금융회사들의 치어리더여야 한다고 공개적으로 떠들고 다녔다. 그 결과 그가 SEC의 수장으로 있던 1993년부터 2001년까지의 기간은, 1994년의 막대한 파생거래로 인한 일련의 부도 사태, 1997년의 헤지펀드 LTCM의 파산과 IMF 사태, 2000년의 닷컴 버블 등 다양한 초대형 사고로 점철되었다.

마지막으로 재단을 언급하지 않고는 자본주의 시스템에 대한 얘기를 했다고 할 수 없다. 재단 그러면 자선단체나 비영리활동을 하는 기구를 생각하기 쉽지만 그게 전부가 아니다. 유럽에도 주요한 재단이 있지만 미국을 기준으로 설명하자면 공적 재단에 구별되는 사적 재단이라는 것이 존재한다. 사적 재단은 특정 개인이 재단을 설립하고 거기에 자신의 재산을 집어넣음으로써 만들어진다.

사적 재단의 시작은 '강도 귀족' 혹은 '악덕 자본가'라고 불리던 앤드루 카네기와 존 록펠러였다. 앞장을 선 것은 카네기로 거의 전 재산을 카네기재단에 출자하여 도서관과 박물관 등을 짓자, 록펠러도 카네기를 본떠 시카고대학을 세우고 반 정도의 재산을 록펠러재단에 넣었다. 유명한 미국의 사적 재단에는 이외에도 자동차 왕 포드가 세운 포드재단, 코카콜라재단, 애틀랜틱재단, 빌 게이츠가 세운 빌&멜린다재단 등이 있다.

위의 재단들은 표면적으로는 많은 유익한 활동에 자금 지원을 하는 것처럼 보인다. 하지만 거부들이 재단을 설립하는 가장 결정적인 이유는 그것이 부와 영향력을 대대손손 가져가는 가장 효율적인 방법이기 때문이다. 가령 재단을 설립하지 않고 사망하면 재산의 최대 40퍼센트를 상속세로 내야 한다. 그렇지만 재단의 소유가 된 재산은 이 모든 것이 면제다. 재단이 하나의 조세 회피처 역할을 하는 것이다. 재단 자산의 운용으로 발생된 이익에 대해서 세금을 내긴 하지만 고작 2퍼센트에 불과하다. 예금에 대한 이자 소득세와 비교해 보면 얼마나 낮은 세율인지 짐작할 수 있다.

물론 사적 재단에 재산을 넣으면 재산권 행사에 제약이 생긴다. 예를 들면, 재단 재산의 최소 5퍼센트는 매년 재단의 목적에 맞게 사용해야 한다. 하지만 돈을 누군가에게 지급함으로써 얻는 직간접적인 사회적 영향력을 생각하면 5퍼센트라는 제약은 제약도 아니다. 재단이 지급하던 돈을 중지하겠다고 위협하면 대부분 그에 굴복할 수밖에 없다. 또한 가문의 일원에 적당한 자리를 마련해달라는 요구를 거부하기도 어렵다. 사적 재단은 이사회가 의사결정의 주체가 되는데, 재산을 기부한 장본인과 가족 그리고 절대로 믿을 만한 사람들로 이사회를 구성하기 때문에 나중에 장본인이 사망하더라도 가문의 부를 지켜나갈 수 있다.

보통의 개인은 얼마 안 되는 월급에 대해 소득세를 꼬박꼬박

내야 하고, 얼마 안 되는 재산에 대해 재산세를 내야 하며, 얼마 안 되는 유산에 대해서도 상속세를 내야 한다. 시간이 가면서 돈이 모이기보다는 허물어진다. 반면 어느 선을 넘은 엄청나게 큰돈은 이 모든 것을 피해갈 수 있다. 현재 우리가 살고 있는 자본주의 시스템이 그렇다.

그렇게 그들은 세상을 지배해왔다.

나오는 말

결국 앎과 깨달음이 돈이다

프랑스의 총리 겸 육군장관이었던 조르주 클레망소는 1차 세계 대전의 승리를 이끈 정치인으로 잘 알려져 있다. 하지만 원래 그가 의사였다는 사실을 아는 사람은 드물다. 그는 "전쟁은 너무나 중요한 문제라 군인들에게만 맡겨놓을 수 없다"는 말을 남겼다.

이 말에 빗대어 코스톨라니는 "경제는 너무나 중요한 문제이기 때문에 교수들이나 경제학자들에게만 맡겨놓아서는 안 된다"고 말했다. 코스톨라니가 대학 때 전공한 것은 미술사였고 대학 졸업 때의 장래 희망은 피아니스트였다. 나는 여기에 한마디 더하고 싶다. 돈은 너무나 중요한 문제이기 때문에 자칭 금융전문가들에게만 맡겨놓으면 안 된다고.

그러려면 돈 공부는 필연적이다. 돈에 대해 호기심을 갖고 끊임없이 배워야겠다는 결심과 실행이 따라야 한다. 진정한 배움은 호기

심에서 비롯되며 회피할 수 없는 문제나 도전을 통해서 깊은 깨달음을 얻는다. 이러한 깨달음의 과정을 살아 있는 한 멈추지 말아야 한다.

두 가지 철학, 즉 "절대로 돈을 잃지 말라" 그리고 "반드시 첫 번째 원칙을 지키라"를 실천하기 위해 워런 버핏이 구체적으로 강조하는 것은 세 가지다. 첫째 공부하라, 둘째 참을성을 가지라, 셋째 수수료 같은 기본에 충실하라다. 이런 것은 외워야 한다.

얘기한 김에 한 가지 비밀을 더 털어놓자. 버핏이 세상에서 가치에 비해 가장 싼 것으로 무엇을 꼽았는지 궁금한가? 바로 책이다. 더불어 버핏은 책을 빨리 읽을 수 있는 능력을 가장 갖고 싶어 한다고 한다.

그가 돈의 명인이 된 데에는 다 그만한 이유가 있었던 것이다.

참고문헌

가라타니 고진, 조영일 옮김, 『세계사의 구조』, b, 2012.

강명관, 『조선에 온 서양 물건들』, 휴머니스트, 2015.

권오상, 『민준이와 서연이의 금융경시대회』, 카시오페아, 2016.

권오상, 『이기는 선택』, 카시오페아, 2016.

권오상, 『고등어와 주식 그리고 보이지 않는 손』, 미래의창, 2015.

권오상, 『엘론 머스크, 미래를 내 손으로 만들어』, 탐, 2015.

권오상, 『돈은 어떻게 자라는가』, 부키, 2014.

구자현, 『음악과 과학의 만남: 역사적 조망』, 경성대학교출판부, 2013.

김근배, 『애덤 스미스의 따뜻한 손』, 중앙북스, 2016.

김민주, 『50개의 키워드로 읽는 자본주의 이야기』, 미래의창, 2015.

김병화, 『중앙은행과 통화정책』, 학민사, 2012.

김운회, 『왜 자본주의는 고쳐 쓸 수 없는가』, 알렙, 2013.

김응종, 『서양의 역사에는 초야권이 없다』, 푸른역사, 2005.

김이나, 『김이나의 작사법』, 문학동네, 2015.

니얼 퍼거슨, 구세희 옮김, 『위대한 퇴보』, 21세기북스, 2013.

대럴 웨스트, 홍지수 옮김, 『부자들은 왜 민주주의를 사랑하는가』, 원더박스, 2016.

데이비드 그레이버, 정명진 옮김, 『부채 그 첫 5000년』, 부글북스, 2011.

데이비드 보더니스, 김민희 옮김, 『E=MC²』, 생각의나무, 2007.

데이비드 프리스틀랜드, 이유영 옮김, 『왜 상인이 지배하는가』, 원더박스, 2016.

로버트 기요사키, 윤영삼 옮김, 『부자들의 음모』, 흐름출판, 2010.

루키우스 안나이우스 세네카, 김천운 옮김, 『세네카 인생론』, 동서문화사, 2007.

루키우스 안나이우스 세네카, 천병희 옮김, 『인생이 왜 짧은가』, 숲, 2005.

리즈 파텔, 제현주 옮김, 『경제학의 배신』, 북돋움, 2011.

마르쿠스 툴리우스 키케로, 허승일 옮김, 『키케로의 의무론: 그의 아들에게 보낸 편지』, 서광사, 1989.

마이클 루이스, 이미정 옮김, 『빅 숏』, 비즈니스맵, 2010.

막스 베버, 박성수 옮김, 『프로테스탄티즘의 윤리와 자본주의 정신』, 문예출판사, 1996.

배리 슈워츠, 김고명 옮김, 『점심메뉴 고르기도 어려운 사람들』, 예담, 2015.

백성호, 『현문우답』, 중앙북스, 2011.

백성호, 『생각의 씨앗을 심다』, 중앙북스, 2015.

사토 가츠아키, 양필성 옮김, 『내가 미래를 앞서가는 이유』, 스몰빅인사이트, 2016.

송인창 외, 『화폐 이야기』, 부키, 2013.

실비오 게젤, 정봉수 옮김, 『자연스런 경제질서』, 퍼플, 2014.

쏘스타인 베블렌, 이완재 · 최세양 옮김, 『한가한 무리들』, 동인, 1995.

알란 블라인더, 정운찬 · 김홍범 옮김, 『중앙은행의 이론과 실제』, 율곡출판사, 2003.

앙드레 코스톨라니, 서순승 옮김, 『돈이란 무엇인가』, 이레미디어, 2016.

야코포 페르페티, 김효정 옮김, 『성공하는 아이디어에 영감을 주는 거의 모든 이야기』, 미래의창, 2016.

엔에이치케이 스페셜 제작팀, 김정환 옮김, 『노후파산』, 다산북스, 2016.

움베르토 에코 외, 김주환 · 한은경 옮김, 『셜록 홈스, 기호학자를 만나다』, 이마, 2016.

이광수 · 이주현, 『쌍둥이 패러독스』, 이음앤, 2016.

임마누엘 월러스타인, 진덕규 옮김, 『역사체제로서의 자본주의』, 학문과사상사, 1985.

제이컵 솔, 정해영 옮김, 『회계는 역사를 어떻게 지배해왔는가』, 메멘토, 2016.

제프리 잉햄, 홍기빈 옮김, 『돈의 본성』, 삼천리, 2011.

조르주 뒤비, 양영란 옮김, 『서기 1000년과 서기 2000년 그 두려움의 흔적들』, 동문선, 1997.

조지프 슘페터, 변상진 옮김, 『자본주의, 사회주의, 민주주의』, 한길사, 2011.

조지프 스티글리츠 · 마이클 루이스 · 니얼 퍼거슨 외, 김정혜 옮김, 『눈먼 자들의 경제』, 한빛비즈, 2011.

질리언 테트, 김지욱 외 옮김, 『풀스 골드』, 랜덤하우스코리아, 2010.

질베르 리스트, 최세진 옮김,『경제학은 과학적일 것이라는 환상』, 봄날의책, 2015.

차현진,『에고니스트의 중앙은행론』, 율곡출판사, 2007.

차현진,『중앙은행 별곡』, 인물과사상사, 2016.

찰스 핸디, 이종인 옮김,『코끼리와 벼룩』, 생각의나무, 2001.

찰스 핸디, 강혜정 옮김,『찰스 핸디의 포트폴리오 인생』, 에이지, 2008.

최경원,『디자인 인문학』, 허밍버드, 2014.

카를로 치폴라, 김정하 옮김,『즐겁게 그러나 지나치지 않게』, 북코리아, 2007.

칼 폴라니, 홍기빈 옮김,『거대한 전환』, 길, 2009.

클리포드 더글라스, 이승현 옮김,『사회신용』, 역사비평사, 2016.

토마스 데 파도바, 박규호 옮김,『라이프니츠, 뉴턴 그리고 시간의 발명』, 은행나무, 2016.

팡 리지 · 추 야오콴, 이정호 · 하배연 옮김,『뉴턴의 법칙에서 아인슈타인의 상대론까지』, 전파과학사, 1991.

프리드리히 폰 하이에크, 민경국 옮김,『자본주의냐 사회주의냐』, 문예출판사, 1990.

피터 린치 · 존 로스차일드, 고영태 옮김,『피터 린치의 투자이야기』, 흐름출판, 2011.

Akerlof, George A. and Robert J. Shiller, *Phishing for Phools*, Princeton University Press, 2015.

Akerlof, George A. and Rachel E. Kranton, *Identity Economics*, Princeton University Press, 2010.

Admati, Anat and Martin Hellwig, *The Bankers' New Clothes*, Princeton University Press, 2013.

Arthur, W. Brian, The Nature of Technology: *What it is and How it Evolves*, Free Press, 2011.

Barber, Hoyt, *Tax Havens Today*, Wiley, 2007.

Bonner, William and Addison Wiggin, *The New Empire of Debt*, 2nd edition, Wiley, 2009.

Bowles, Samuel, *The Moral Economy: Why Good Incentives Are No Substitute for Good Citizens*, Yale University Press, 2016.

Brown, Ellen H., *The Web of Debt,* Third Millennium Press, 2008.

Cooper, George, *The Origin of Financial Crisis*, Vintage, 2008.

Cover, Thomas M. and Joy A. Thomas, *Elements of Information Theory*, 2nd edition, Wiley-Interscience, 2006.

Cox, Edwin B., *Bank Performance Annual*, Warren, Gornam & Lamont, 1978.

Duffin, Ross W., *How Equal Temperament Ruined Harmony*, W. W. Norton & Company, 2008.

Frank, Robert H., *Success and Luck: Good Fortune and the Myth of Meritocracy*, Princeton University Press, 2016.

Fisher, Irving, *The Debt-Deflation Theory of Great Depressions*, 1933, CreateSpace Independent Publishing Platform.

Gould, Stephen Jay, *The Hedgehog, the Fox, and the Magister's Pox*, Belknap Press, 2011.

Handy, Charles, *The Second Curve*, Random House, 2015.

Hazlitt, Henry, *Economics in One Lesson*, Three River Press, 1979.

Hidalgo, Cesar, *Why Information Grows: The Evolution of Order, from Atoms to Economies*, Basic Books, 2015.

Isacoff, Stuart, *Temperament: How Music Became a Battleground for the Great Minds of Western Civilization*, Vintage, 2003.

Kelly, Kevin, *What Technology Wants*, Penguin Books, 2011.

King, Thomas A., *More Than a Numbers Game: A Brief History of Accounting*, Wiley, 2006.

Minsky, Hyman P., J*ohn Maynard Keynes*, McGraw Hill, 2008.

Minsky, Hyman P., *Stabilizing an Unstable Economy,* McGraw Hill, 2008.

Reich, Robert B., *Saving Capitalism: For the Many, Not the Few*, Knopf, 2015.

Rodrik, Dani, *Economics Rules: The Rights and Wrongs of the Dismal Science*, W. W. Norton & Company, 2015.

Savage, Sam L., *The Flaw of Averages*, Wiley, 2009.

Schwed, Fred Jr., *Where are the Customers' Yachts?*, Wiley, 1995.

Scott, Bruce R., *The Concept of Capitalism*, Springer, 2009.

Senor, Dan and Saul Singer, *Start-up Nation: The Story of Israel's Economic Miracle*, Twelve, 2011.

Skidelsky, Robert, *John Maynard Keynes*, Macmillan, 2003.

Taleb, Nassim N., *Antifragile*, Random House, 2012.

Taleb, Nassim N., *Fooled by Randomness*, Texere, 2001.

Von Mises, Ludwig, *The Theory of Money and Credit*, Signalman Publishing, 2009.